AF450888

SOCIEDADES LIMITADAS

TODO LO QUE NECESITAS SABER SOBRE LAS S.L.

BORJA PASCUAL

www.sociedadeslimitadas.guiaburros.es

EDITATUM

Diseño de cubierta: ©María José Ocón Ortigosa (EDITATUM).
Maquetación de interior: © EDITATUM.

Segunda edición: septiembre 2024.

ISBN: 978-84-18121-10-4.
Depósito legal: M-2569-2020

IMPRESO EN ESPAÑA/ PRINTED IN SPAIN

Te invitamos a registrar la compra de tu libro o *e-book* dándote de alta en el **Club GuíaBurros,** obtendrás directamente un cupón de **2€ de descuento** para tu próxima compra.

Además, si después de leer este libro lo has considerado útil e interesante, te agradeceríamos que hicieras sobre él una **reseña honesta en cualquier plataforma de opinión** y nos enviaras un *e-mail* a **opiniones@guiaburros.es** para poder, desde la editorial, enviarte **como regalo otro libro de nuestra colección.**

A mis hijos, Nicolas y Martín,
por recordarme cada día la razón de hacer lo que hago.

Sobre el autor

Borja Pascual es presidente de la Asociación Nacional de Nuevas Empresas, Roamers, Emprendedores y Autónomos, aNerea. Es fundador y CEO de Gruporum, grupo de empresas dedicadas a ofrecer servicios profesionales.

Informático de profesión, pero siempre más interesado en la gestión de proyectos, en la comunicación y el *marketing,* en el desarrollo de nuevos canales, en la gestión de objetivos y en el desarrollo de nuevas ideas y modelos de negocio.

Es autor de *Ahorra o nunca, cómo ahorrar y sacar el máximo partido a tus ahorros; Empresario o Emperdedor; 10 Errores que nunca debe cometer en su negocio; GuíaBurros: Emprendimiento de Guerrilla; GuíaBurros: Autónomos; GuíaBurros: El Arte de la Prudencia; GuíaBurros: Las ocho disciplinas del Dragón; GuíaBurros: Sociedades limitadas; GuíaBurros: Diccionario de Marketing; GuíaBurros: Modelos de negocio; GuíaBurros: Ventas Online; GuíaBurros: Píldoras para el emprendimiento I; GuíaBurros: Neuromarketing de guerrilla; GuíaBurros: Píldoras para el emprendimiento II; GuíaBurros: Cómo aprender a gestionar bien el tiempo; GuíaBurros: Diccionario Declaración de la Renta; GuíaBurros: Píldoras para el emprendimiento III, GuíaBurros: Aprende a ser un líder* y *GuíaBurros: Financiación "de guerrilla",* todos de la editorial Editatum, y de *Cómo montar un negocio online* de la editorial Almuzara.

Índice

Formas jurídicas

¿Qué opciones tengo para constituir mi negocio?

Una de las primeras decisiones que deberemos tomar a la hora de poner en marcha nuestro negocio es decidir la forma jurídica que tendrá nuestro proyecto.

En la legislación española tenemos diferentes opciones, con sus ventajas e inconvenientes. Está en nuestras manos elegir la mejor opción para cada momento y circunstancias de nuestro proyecto empresarial.

Por eso, antes de empezar a centrarnos únicamente en las Sociedades Limitadas, el objetivo de este GuíaBurros, repasemos qué otras opciones tenemos y que ventajas e inconvenientes tienen frente a la Sociedad Limitada, la gran estrella en nuestro tejido empresarial.

Dentro de las opciones para elegir, podemos agrupar las formas jurídicas en:

- Empresario individual.
- Colectividades sin personalidad jurídica.
- Sociedades Mercantiles.

Repasaremos las siguientes formas jurídicas disponibles para poner trabajar con nuestro proyecto empresarial:

- El empresario individual (autónomo).
- Emprendedor de Responsabilidad Limitada.

- Comunidades de Bienes.
- Sociedades Civiles.
- Sociedad Limitada.
- Sociedades Limitadas de formación sucesiva.
- Sociedad Limitada Nueva Empresa.
- Sociedad Limitada Profesional.
- Sociedades Anónimas.
- Sociedades Laborales.
- Sociedades Cooperativas.

Daremos una breve descripción de cada forma jurídica, con sus características principales, sus ventajas e inconvenientes, pero sin entrar en detalles muy específicos al no ser este el propósito del libro.

Empresario individual (autónomo)

En España contamos con más de tres millones de autónomos, en los que se engloban una gran y heterogénica mezcla de diferentes figuras, incluyendo en la denominación de autónomos cosas tan distintas como los trabajadores autónomos, los autónomos empresariales, los autónomos societarios, los autónomos económicamente dependientes, etc...

El empresario individual, como tal, engloba al autónomo empresarial y al trabajador autónomo. Es esta una buena forma jurídica para comenzar una actividad sencilla, con poca inversión, sin grandes necesidades de personal y muy enfocada al autoempleo.

Es una figura ideal para el emprendedor que empieza su proyecto y no quiere entrar en formas más complejas y/o más caras antes de ver si realmente hay "agua en la piscina".

IMPORTANTE

La forma jurídica puede y debe cambiar según avance nuestro proyecto o cambien las circunstancias del mismo.

CONSEJO

Para conocer todo los necesario sobre los empresarios individuales, los autónomos, te recomiendo *GuíaBurros Autónomos*, de esta misma colección.

Autónomos

Características:

Socios: 1.

Tipo de socios: ninguno.

División capital: no hay.

Capital social mínimo: 0 €.

Responsabilidad: responde el autónomo con todo su patrimonio presente y futuro.

Órganos de gobierno: no hay (el propio autónomo decide).

Régimen Seguridad Social: RETA.

Fiscalidad: IRPF (estimación directa, estimación objetiva).

Tramites puesta en marcha: alta en Seguridad Social y Hacienda en pocas horas.

Costes puesta en marcha: no hay costes asociados.

Popularidad: hay casi dos millones de autónomos con actividad propia.

Ventajas:

- Velocidad y coste para la puesta en marcha.
- Gestión sencilla.

Inconvenientes:

- Responsabilidad ilimitada.
- Fiscalidad progresiva.
- Sin personalidad jurídica propia.

Emprendedor de Responsabilidad Limitada

Hablamos de la figura del empresario individual, el autónomo, con una serie de variaciones creadas con el propósito de solventar una de las principales desventajas de la figura, la responsabilidad ilimitada.

 Ley 14/2013 del 27 de septiembre de apoyo a los em-. prendedores y su internacionalización.

Con esta nueva forma jurídica, Emprendedor de Responsabilidad Limitada ERL, el autónomo no responderá con sus bienes personales de las deudas de su actividad profesional o empresarial, pero, con ciertas condiciones y requisitos.

Para poder acogerse a esta figura, los autónomos deberá inscribirse como tal en el Registro Mercantil y, en el Registro de la Propiedad, indicar el bien inmueble que queremos dejar excluido de posibles responsabilidades.

 **¡OJO!**

Quedará sin efecto la limitación de responsabilidad si el deudor actuó con fraude o negligencia grave.

El ERL tendrá una serie de obligaciones adicionales a las del empresario individual:

- Debe realizar inscripción en el Registro Mercantil.
- En toda comunicación deben aparecer las siglas ERL después de su nombre y apellidos que utiliza para facturar.
- Deberán someter a auditoría las cuentas anuales correspondientes a la actividad empresarial o profesional y depositarlas en el Registro Mercantil.

El ERL podrá limitar la responsabilidad en la vivienda habitual siempre que no esté afecta a la actividad y su valor no supere los 300.000 €.

⚠ **IMPORTANTE**

Las deudas de derecho público quedarán fuera de la limitación.

La utilización de esta figura jurídica es muy limitada, los requisitos y las limitaciones hacen que no sea atractiva y el emprendedor se decante por otras opciones como la Sociedad Limitada.

Comunidades de Bienes

Son colectividades sin personalidad jurídica, donde los comuneros se asocian para conseguir un objetivo conjunto, sin escrituras públicas ni registro, siempre que no haya aportación de bienes inmuebles o derechos reales.

Las Comunidades de Bienes son la unión, mediante un acuerdo privado, de varias personas para realizar una actividad económica y que ostentan la propiedad y titularidad de un bien o derecho pro indiviso.

Las Comunidades de Bienes siguen siendo la forma jurídica de asociación de autónomos más sencilla que existe, pero debemos utilizarla solo si cumplimos su espíritu y naturaleza, compartir un bien o un derecho pro indiviso para su explotación empresarial, de otra manera, podremos tener problemas ante una inspección.

La constitución de estas comunidades se produce mediante:

- Un contrato que puede ser público o privado.
- La solicitud en Hacienda del CIF.
- Liquidación del Impuesto sobre Transmisiones Patrimoniales y Actos Jurídicos (si se aportan bienes).
- Alta en el I.A.E.

Comunidad de Bienes

Características:

Socios: 2~infinito.

Tipo de socios: trabajador/capitalista.

División capital: % de participación en los bienes o derechos.

Capital social mínimo: no hay.

Responsabilidad: responden los comuneros con todo su patrimonio presente y futuro de manera solidaria.

Órganos de gobierno: no hay (el propio autónomo decide).

Régimen Seguridad Social: RETA para comuneros trabajadores.

Fiscalidad: IRPF comuneros.

Tramites puesta en marcha: contrato privado y alta en Hacienda.

Costes puesta en marcha: no hay costes asociados.

Popularidad: hay un poco más de 100.000 Comunidades de Bienes, un 3,5% de todas las empresas.

Ventajas:

- Velocidad y coste para la puesta en marcha.
- Gestión sencilla.
- Socios.

Inconvenientes:

- Responsabilidad ilimitada y solidaria.
- Fiscalidad progresiva.
- Sin personalidad jurídica propia.

Sociedad Civil

Las S.C. o Sociedades Civiles son la unión de varias personas mediante contrato privado, para realizar una actividad empresarial compartiendo capital, bienes o trabajo.

Desde 2016, las Sociedades Civiles mercantiles, que realicen actividad económica, deben tributar por el Impuesto de Sociedades y no en IRPF por atribución de rentas como estaban obligadas hasta esa fecha.

Los socios de una Sociedad Civil pueden aportar trabajo, socios industriales, o bienes y/o dinero, socios capitalistas.

Este cambio normativo hizo que esta figura esté menos extendida, ya que aporta muy pocas o ninguna ventaja frente a la Sociedad Limitada, y si mantiene muchas de las desventajas.

La constitución de una Sociedad Civil es sencilla:

- Se firma un contrato privado entre las partes.
- Se solicita el CIF en Hacienda.
- Liquidación del Impuesto sobre Transmisiones Patrimoniales y Actos Jurídicos (si se aportan bienes).
- Alta en el I.A.E.

Sociedad Civil

Características:

Socios: 2~infinito.

Tipo de socios: trabajador/capitalista.

División capital: % de participación en los bienes o derechos.

Capital social mínimo: no hay.

Responsabilidad: una vez liquidado el patrimonio de la Sociedad Civil, responden los socios con todo su patrimonio presente y futuro de manera mancomunada.

Órganos de gobierno: administrador único, administradores solidarios, administradores mancomunados.

Régimen Seguridad Social: RETA para socios industriales.

Fiscalidad: impuesto de sociedades.

Tramites puesta en marcha: contrato privado y alta Hacienda.

Costes puesta en marcha: no hay costes asociados.

Popularidad: muy residual, desde el 2016 han desaparecido muchas de ellas.

Ventajas:

- Velocidad y coste para la puesta en marcha.
- Gestión sencilla.
- Tarifa plana nuevo autónomo.

Inconvenientes:

- Responsabilidad ilimitada y mancomunada.
- Sin personalidad jurídica propia.

Sociedad Limitada

La Sociedad de Responsabilidad Limitada SRL, más conocida como Sociedad Limitada, S.L. es una figura con personalidad jurídica propia que tiene la responsabilidad de sus socios limitada al capital social de la misma.

Esta figura es la más extendida entre las empresas españolas con más del 35% de las mismas, solo por detrás del empresario individual. Hablamos de más de 1.150.000 Sociedades Limitadas en nuestro país.

Las Sociedades Limitadas permiten un número ilimitado de socios, desde solo uno, Sociedad Limitada unipersonal, hasta el número que sea preciso, permitiendo como socios a personas físicas, pero también jurídicas.

El capital social, mínimo 3.000 € desembolsado completamente, en aportaciones monetarias o en especie, se reparten en participaciones sociales, con ciertas limitaciones legales para su transmisión a terceros.

La responsabilidad de la gestión no recae en los socios, sino en los administradores.

Para constituir una Sociedad Limitada:

- **Registrar el nombre de la empresa**. Solicitar certificado negativo de denominación social en el Registro Mercantil Central.

- **Abrir cuenta en el banco**. Con el certificado negativo de denominación social se crea una cuenta de Sociedad en Constitución para poder hacer las aportaciones de los socios. El banco emite un certificado de aportación a cada socio.

- **Redacción estatutos**. Aquí se fijan las normas que regirán la empresa, esto puedes encargarlo a una asesoría o utilizar los estatutos simplificados estándar.

- **Escritura pública de constitución**. Firma ante notario de los socios para su posterior registro mercantil.

- **Liquidación Impuesto** de Transmisiones patrimoniales.

- **Alta en Hacienda**. Solicitud del CIF, alta IAE, alta censal.

- **Inscripción en el Registro Mercantil.**

- **Obtención del CIF definitivo.**

Este proceso, por el método tradicional, es costoso, requiere una asesoría, tasas de notaria y registro mercantil, hablamos de más de 3.000 € solo en el trámite de constitución que además, se puede demorar más de un mes.

Sin embargo, la llegada de los PAE, Punto de Atención al Emprendedor, permite la creación de una Sociedad Limitada con todo el asesoramiento, tasas de notario y registro reducidas con plazos que van desde las 72h a los 7 días.

Este sistema de creación de Sociedades Limitadas tiene ciertas limitaciones, tipo de socios, actividades no válidas, etc... Pero permiten, en la mayoría de los casos, la constitución con unos costes por debajo de los 300 € y en pocos días.

Sociedades Limitadas

Características:

Socios: 1~infinito (personas físicas y jurídicas).

Tipo de socios: trabajador/capitalista.

División capital: % de participaciones sociales.

Capital social mínimo: 3.000 € (dinero o bienes).

Responsabilidad: limitada al capital aportado.

Órganos de gobierno: administrador único, administradores solidarios, administradores mancomunados, consejo de administración.

Régimen Seguridad Social: RETA para administradores.

Fiscalidad: impuesto de sociedades.

Tramites puesta en marcha: constitución de Sociedad Limitada.

Costes puesta en marcha: tradicional +3.000 €; PAE 300 €.

Popularidad: más de 1.150.000 en España.

Ventajas:

- Responsabilidad Limitada al capital social.
- Impuesto de sociedades.
- Socios jurídicos.

Inconvenientes:

- Participaciones no son fáciles de transmitir.
- Coste y trámites para su constitución y para su liquidación.

Sociedad Limitada de formación sucesiva S.L.F.S.

Podemos decir que hablamos de una variante de la Sociedad Limitada, con prácticamente las mismas características, a excepción de la aportación de capital de manera sucesiva, empezando por 0 € hasta llegar al mínimo de 3.000 €.

Otra característica de estas sociedades es que están abocadas a terminar convirtiéndose en Sociedades Limitadas una vez que el capital social mínimo esté desembolsado.

Esta forma jurídica vio la luz en la Ley de Apoyo al Emprendedor y su Internacionalización del 2013 y buscaba solventar la barrera del capital inicial para fomentar la creación de nuevas empresas.

Estas sociedades, para proteger a terceros, deben cumplir una serie de obligaciones específicas:

- Destinar a reserva legal una cifra al menos igual al 20% del beneficio sin límite de cuantía.

- Para repartirse dividendos a los socios el valor del patrimonio neto deberá ser superior al 60% incluso después del reparto.
- Se limita al 20% del beneficio del patrimonio neto la retribución anual de socios y administradores. Esto no afecta a la retribución de los mismos como trabajadores por cuenta ajena de la sociedad.
- En situación de liquidación los socios y los administradores de la sociedad responderán solidariamente del desembolso del capital mínimo, por lo que no es necesario acreditar las aportaciones dinerarias de cada uno de los socios.
- En la denominación de la empresa siempre deben aparecer las siglas SLFS y además, los estatutos deben recoger de manera específica la sujeción de la sociedad a este régimen.

Esta Sociedad Limitada modificada no ha tenido mucho éxito, bien por desconocimiento de la misma, bien por otras soluciones existentes que permiten crear una Sociedad Limitada sin tener que hacer el desembolso dinerario de los 3.000 € mínimos.

Sociedad Limitada Nueva Empresa

Se reguló en 2003 con la idea de agilizar la creación de empresas y reducir el número de trabas administrativas.

La características principales son:

- La denominación social, el nombre, no puede elegirse y estará formado por los apellidos y el nombre de uno de sus fundadores seguido de un código alfanumérico. Permitirá la identificación de la sociedad, y siempre terminará con las siglas SLNE.
- Objeto social, la actividad a la que se va a dedicar, es genérico y muy abierto a diferentes actividades.
- Número de socios, limitado a 5 y solo personas físicas.

La utilización de esta forma jurídica es anecdótica y no ha tenido la acogida esperada en el ecosistema empresarial.

Ventajas.

- Constitución rápida (48h).
- Objeto social amplio.
- Obtención del nombre en 24h.
- Ventajas fiscales primer año en forma de aplazamientos.

Inconvenientes.

- A los tres años debe transformase en otra forma jurídica, normalmente una S.L.
- El nombre de la sociedad no puede elegirse, y aunque se puede cambiar posteriormente, nos obliga a llevar los apellidos y nombre de uno de los fundadores.

Los nuevos sistemas de creación de Sociedades Limitadas a través del PAE, hace que las ventajas relativas de este tipo de sociedad, como la velocidad en la constitución, no sean algo diferencial, pudiendo en estos momentos constituir una Sociedad Limitada en 48/72h.

Sociedad Limitada Profesional

Se reguló en 2007 para dar respuesta a las necesidades específicas de colectivos profesionales de ofrecer estos servicios profesionales pero beneficiándose de las ventajas de las formas jurídicas mercantiles con personalidad jurídica propia.

Así, diferentes profesionales pueden constituir una Sociedad Limitada o Sociedad Anónima para ofrecer servicios profesionales y disfrutar de las ventajas que supone una Sociedad Limitada o una Sociedad Anónima.

Los requisitos específicos de las sociedades profesionales son:

- Se deberá incluir en la denominación social la palabra "profesional" y la sigla P, "Sociedad Limitada Profesional", "S.L.P.".
- El objeto social está limitado a actividades profesionales que requieren Titulación Universitaria Oficial e inscripción en Colegio Profesional.

 ¡OJO!

Es obligatorio que todas las sociedades que ofrezcan servicios profesionales en este ámbito se transformen en sociedades profesionales.

- Los socios profesionales deben suponer al menos el 75% del capital y de los derechos de voto.
- El administrador único debe ser uno de los socios profesionales y si se constituye un consejo de administración,

los socios profesionales deben suponer al menos tres cuartas partes del mismo.

Este tipo de forma jurídica, las sociedades profesionales, han tenido bastante aceptación en el colectivo de profesionales.

Ventajas.

Herramienta de lucha contra el intrusismo, permite diferenciarse de otras sociedades que ofrecen servicios parecidos pero no cuentan con las titulaciones y colegiaciones que estos presentan.

Inconvenientes.

Las restricciones de participación para terceros no profesionales puede, en algunos casos, reducir las herramientas y sistemas de ampliación de capital para aumentar los recursos de la sociedad.

Sociedad Anónima

La Sociedad Anónima, S.A. es una figura con personalidad jurídica propia que tiene la responsabilidad de sus socios limitada al capital social de la misma.

Esta figura no está muy extendida y tiende a reducirse con el paso de los años, representan menos del 2,5% de las empresas españolas.

Las sociedades anónimas permiten un número ilimitado de socios, desde solo uno, Sociedad Anónima unipersonal

S.A.U., hasta el número que sea preciso, permitiendo como socios a personas físicas, pero también jurídicas.

El capital social, mínimo 60.000 € y debe ser desembolsado al menos el 25% del mismo en la constitución de la sociedad. El capital social se divide en acciones nominativas o al portador y pueden transmitirse libremente.

La responsabilidad de la gestión no recae en los socios, sino en los administradores, respondiendo los socios de forma solidaria entre ellos y limitada al capital aportado.

Los trámites de constitución son muy parecidos a los de la Sociedad Limitada, pero la Sociedad Anónima cuenta con una administración, en la constitución, pero también en el día a día, más compleja.

Sociedad Anónima

Características:

Socios: 1~infinito (personas físicas y jurídicas).

Tipo de socios: trabajador/capitalista.

División capital: accciones.

Capital social mínimo: 60.000 € (min 25% en constitución).

Responsabilidad: limitada al capital aportado.

Órganos de gobierno: junta general de socios, administrador único, administradores solidarios, administradores mancomunados, consejo de administración.

Régimen Seguridad Social: RETA para administradores y socios con control de la sociedad.

Fiscalidad: impuesto de sociedades.

Tramites puesta en marcha: constitución de Sociedad Anonima.

Costes puesta en marcha: +3.000 €.

Popularidad: alrededor de 81.000 sociedades anónimas.

Ventajas:

- Responsabilidad Limitada al capital social.
- Acciones nominativas o al portador.
- Gran facilidad de transmisión de las acciones.

Inconvenientes:

- Capital social mínimo elevado.
- Gestión administrativa más compleja.
- Elevados costes de constitución.

Sociedad laboral

Son sociedades, limitadas o anónimas, S.L.L. ó S.A.L. en las que más del 50% del capital social es propiedad de los trabajadores de la empresa.

Una de las principales características de este tipo de sociedad es la obligación de un mínimo de tres socios, de los que al menos dos deben de ser trabajadores con contrato indefinido.

Además de no permitir que los socios capitalistas superen el 50% del total de las acciones, se impone que ningún socio podrá superar un tercio del capital social.

Estas sociedades, a la hora de constituirse, deben darse de alta en un registro específico que mantienen las comunidades autónomas.

En el resto de aspectos funcionan como una Sociedad Limitada o como una Sociedad Anónima según el caso, con los mismos trámites para su constitución, la misma exigencia de capital social inicial y los porcentajes de desembolso en la constitución.

Las obligaciones fiscales son las mismas aunque es cierto que este tipo de sociedades tienen importantes beneficios fiscales en el impuesto de sociedades, en el impuesto de transmisiones patrimoniales y actos jurídicos documentados y libertad de amortización de los bienes adquiridos en los primeros cinco años.

Estas sociedades cuentan también con un fondo especial de reserva.

Los socios trabajadores de una S.L.L. pueden elegir entre la cotización como autónomos en el RETA o en el Régimen General, eso sí, todos en el mismo régimen.

Los socios trabajadores de una S.A.L. cotizarán por el Régimen General.

Todos los trabajadores que coticen por el Régimen General tendrán derecho también a la protección por desempleo y FOGASA a excepción de los administradores con funciones de dirección que perderán esta protección.

Sociedades laborales

Características:

Socios: 3~infinito (al menos 2 trabajadores).

Tipo de socios: trabajador y/o capitalista.

División capital: participaciones/acciones.

Capital social mínimo: 3.000€/60.000€ (min 25% en constitución).

Responsabilidad: limitada al capital aportado.

Órganos de gobierno: junta general de socios, administrador único, administradores solidarios, administradores mancomunados, consejo de administración.

Régimen Seguridad Social: en RETA o Régimen General Fiscalidad: impuesto de sociedades.

Tramites puesta en marcha: constitución + registro autonómico.

Costes puesta en marcha: +3.000€.

Popularidad: no muy populares.

Ventajas:

- Beneficios fiscales.
- Ventajas obtención ayudas y subvenciones.
- Fondo especial de reserva.

Inconvenientes:

- Número de socios y restricciones.
- Gestión administrativa más compleja.
- Limitaciones al socio capitalista.

Sociedad cooperativa

La cooperativa es una sociedad constituida por personas que se asocian, en régimen de libre adhesión y baja voluntaria, para la realización de actividades empresariales, encaminadas a satisfacer sus necesidades y aspiraciones económicas y sociales, con estructura y funcionamiento democrático.

La denominación social debe incluir las palabras "sociedad cooperativa" o su abreviatura "S. Coop.".

¡OJO!

la denominación será exclusiva y puede ser consultada en el registro de sociedades Cooperativas.

La constitución se hará mediante escritura pública que deberá ser inscrita en el Registro de Sociedades Cooperativas, bien en el nacional, o bien en el autonómico correspondiente si su ámbito va a estar limitado.

No existe capital social mínimo, este se define en las escrituras de constitución de la cooperativa.

Existen cooperativas de primer grado que pueden ser de trabajo asociado, de consumidores y usuarios, de explotación comunitaria de la tierra, del mar y agrarias.

Las cooperativas de segundo grado son las cooperativas constituidas por otras cooperativas.

Su órgano de gobierno superior, la Asamblea General de socios es asamblearia y otorga un voto a cada socio cooperativista independiente de las participaciones que cada uno de ellos tenga.

Sociedades cooperativas

Características:

Socios: 3~infinito.

Tipo de socios: trabajadores-asociados.

División capital: participaciones.

Capital social mínimo: no hay, se fija en escritura.

Responsabilidad: limitada a la aportación suscrita.

Órganos de gobierno: asamblea general de socios, consejo rector o administrador único.

Régimen Seguridad Social: en RETA o Régimen General pero todos igual.

Fiscalidad: impuesto de sociedades.

Tramites puesta en marcha: registro de Sociedades Cooperativas.

Costes puesta en marcha: +1.000 €.

Popularidad: no muy populares, menos del 0,70%.

Ventajas:

- Beneficios Fiscales.
- Ventajas obtención ayudas y subvenciones.
- Fondo especial de reserva.

Inconvenientes:

- Número de socios y restricciones.
- Menos agilidad toma de decisiones, sistema asambleario.
- Mayor complejidad administrativa.

Así pues, y ya conociendo las principales formas jurídicas disponibles para poner en marcha nuestro negocio, deberemos elegir la que mejor se ajuste a nuestras necesidades y circunstancias en cada momento del proyecto.

Es importante señalar que la Sociedad Limitada es la más popular entre las formas jurídicas mercantiles, con más de 1.150.000 empresas, solo por detrás del empresario individual, el autónomo, que es la forma más utilizada en el tejido empresarial español.

¿Qué es una S.L.?

Sociedades Limitadas que son y por qué me interesan

La Sociedad Limitada, S.L. o mejor dicho Sociedad de Responsabilidad Limitada S.L.R. es la forma jurídica más utilizada en la empresa española y europea solo por detrás del empresario individual, del autónomo.

Hablamos de una forma jurídica con personalidad jurídica propia que está constituida por una serie de socios que participan en el capital de la misma con diferentes aportaciones al capital social.

Los socios de las Sociedades Limitadas pueden ser personas físicas o jurídicas, pueden ir desde un único socio a cientos de ellos, repartiendo las participaciones de la sociedad entre cada uno en función de su aportación al capital, que puede ser dineraria o en especies.

Esta forma jurídica se caracteriza por limitar la responsabilidad de los socios a sus aportaciones al capital social, haciéndola una figura muy interesante para poder poner en marcha un negocio.

Esta figura es la más importante dentro de las pymes, las pequeñas y medianas empresas, una clasificación de empresas por número de trabajadores, volumen del negocio y balance anual que en Europa supone el 98% del tejido empresarial.

Dentro de las pymes podemos distinguir tres tipos:

- **Microempresas**: empresas con menos de 10 trabajadores, un volumen de negocio y un balance anual igual o inferior a dos millones de euros.
  1.143.015 micro empresas en España (enero 2019).
- **Pequeña empresa**: empresas con entre 10 y 49 trabajadores, un volumen de negocio y un balance anual igual o menor de diez millones de euros.
  154.738 pequeñas empresas en España (enero 2019).
- **Mediana empresa**: empresa de 50 a 249 trabajadores con un volumen de negocio menor o igual a 50 millones de € y un balance anual menor o igual a 43 millones de euros.
  24.508 medianas empresas en España (enero 2019).

Fuera de la clasificación de pymes tenemos a las grandes empresas, más de 250 trabajadores que en enero de 2019 en España son menos de 5.000.

Con estos datos nos podemos dar cuenta fácilmente de la importancia de la pyme para la economía española y, en consecuencia, de la Sociedad Limitada, como la forma jurídica mayoritariamente elegida en la pyme por nuestro tejido empresarial.

¿Empresario individual o Sociedad Limitada?

Ventajas e inconvenientes

Sin embargo, el gran protagonista en número, en el tejido empresarial español es el autónomo, en España en enero de 2019 se contabilizaron 1.559.798 empresarios individuales que utilizan la fórmula jurídica del autónomo para realizar su actividad empresarial.

 **IMPORTANTE**

No confundir los datos de autónomos, más de 3 millones con los de empresarios individuales, que son solo una parte de los autónomos, englobándose en esta figura jurídica también los autónomos societarios y los autónomos colaboradores que no ejercen una actividad económica propia.

Y entre estas dos formas jurídicas, el empresario individual autónomo y la Sociedad Limitada, ¿cuál es mejor para mi proyecto empresarial?, pues como en casi todo en la vida, todo tiene sus ventajas y sus inconvenientes.

Cómo decíamos, la figura del autónomo es más utilizada que la Sociedad Limitada y que todo tipo de formas jurídicas que conforman las pymes, ¿por qué?

Nuestro mercado empresarial es más propenso a las pequeñas unidades de negocio, prácticamente de autoempleo y el marco jurídico que regula nuestro mercado económico no fomenta el crecimiento de las empresas y su expansión, somos una economía de pequeña y mediana empresa.

Ventajas del empresario individual autónomo

- **Puesta en marcha**. El autónomo puede darse de alta en Hacienda y Seguridad Social sin coste y en pocas horas.

- **Sin aportación inicial**. No debemos hacer una aportación inicial en el negocio.

- **Gestión**. La gestión de la forma jurídica es sencilla, teniendo la opción en algunas actividades y volúmenes de negocio de optar a los módulos, estimación objetiva, que marca unas obligaciones fiscales de cantidades fijas independientemente del resultado concreto de la actividad.

- **Costes**. Tras la aprobación de la tarifa reducida para nuevos autónomos, y la no aplicación de la misma a los autónomos societarios, ha provocado una gran diferencia en costes mensuales en la cotización a la Seguridad Social.

- **Flexibilidad alta/baja**. Con los últimos cambios en la norma, el autónomo puede darse de alta y baja hasta tres veces al año pagando la cotización por días reales y no meses enteros como se hacía hasta el cambio. Permitiendo así, cotizar solo cuando realmente el autónomo tenga actividad.

- **Finalización de actividad**. La baja del autónomo, como el alta, se puede realizar en horas y no tiene coste.

- **Coberturas**. Actualmente los autónomos tiene acceso a la prestación por cese de actividad y a formación, por la que la mayoría ya están obligados a cotizar.

Desventajas del empresario individual autónomo

- **Responsabilidad ilimitada**. El gran inconveniente de esta figura jurídica se deriva de su falta de personalidad jurídica que hace que la responsabilidad de las deudas generadas por la actividad económica se respondan con el patrimonio presente y futuro del empresario, no distinguiéndose el patrimonio personal del empresarial.

- **Imagen comercial**. Al ser el autónomo un empresario individual, factura con sus datos personales, la imagen que traslada al mercado no es la de organización con estructura para ofrecer un servicios en cualquier circunstancia, creando, para relaciones continuadas, dudas sobre capacidad para mantener el servicio en el tiempo.

- **Tributación**. Los autónomos tributan en el IRPF, un impuesto progresivo que graba con mayor porcentaje los mayores ingresos, pudiendo llegar a más del 45% de los mismos. Además este impuesto es anual, grabando el beneficio de cada año sin poder compensar ejercicios anteriores o posteriores.

- **Sin socios**. Como empresario individual no podrás tener socios, y las figuras que lo pueden permitir, Comunidades de Bienes, Sociedades Civiles, complican todavía más la responsabilidad sobre las deudas generadas por el negocio.

- **Acceso a financiación**. El empresario individual lo tiene más complicado para acceder a financiación o a entrada de capital de inversión.

Pese a la incertidumbre, la figura del autónomo es la más extendida, permite una puesta en marcha rápida y barata, una gestión no demasiado complicada, aquí todavía queda mucho por hacer, unas coberturas-prestaciones que cada vez se asemejan más a la de los trabajadores por cuenta ajena, y permite realizar una actividad económica propia.

Sin embargo, su gran inconveniente, la responsabilidad ilimitada, hace que esta figura no sea la idónea para crecer dentro de una actividad económica y crear puestos de trabajo, el riesgo que asume el autónomo es muy grande.

La Sociedad Limitada resuelve muchos de los inconvenientes del empresario individual, aunque también tenga algunos inconvenientes.

Ventajas de la Sociedad Limitada

- **Responsabilidad Limitada.** La responsabilidad de los socios está limitada a las aportaciones al capital social, resolviendo así una de las mayores desventajas de la figura del autónomo, la separación del patrimonio personal del empresarial.
- **Aportación inicial reducida y flexible.** La Sociedad Limitada requiere una aportación inicial de 3.000 €, muy inferior a la Sociedad Anónima, 60.000 €. Además, esta aportación se puede realizar de manera progresiva

con las Sociedades Limitadas de formación sucesiva, o en bienes que se aportan a la sociedad, enseres, mobiliarios, equipos informáticos, etc..

- **Gestión**. Las Sociedades Limitadas tienen una gestión un poco más complicada que los autónomo pero, realmente, poco más. Deben presentar libros y cuentas y su contabilidad es más exigente. Aun así, la gestión es más simple que, por ejemplo, una Sociedad Anónima.

- **Costes**. Las Sociedades Limitadas tiene un mayor coste de creación, mantenimiento y liquidación. Sin embargo se han producido grandes avances en este punto, fundamentalmente la llegada de los centros PAE, que permiten la creación de una S.L. en pocas horas y con un coste de notario y registro muy reducido.

- **Socios**. En una Sociedad Limitada podremos tener socios o no, permitiendo que nuestro negocio se adapte a las diferentes fases del mismo.

- **Imagen comercial**. Al ser una forma jurídica con personalidad propia se ofrece una imagen corporativa que transmite fiabilidad.

- **Tributación**. Para la gestión de beneficios, la tributación por Impuesto de sociedades es más flexible.

- **Acceso a capital**. En una S.L. podemos añadir socios capitalistas a nuestro proyecto, resolviendo así uno de los principales problemas de las pymes, la financiación.

Inconvenientes Sociedad Limitada

- **Trasmisión de participaciones**. Las Sociedades Limitadas dividen su capital social en participaciones que posee cada socio, la transmisión de las misma es complicada y funciona con una serie de reglas y garantías para el resto de socios que hace que esto no sea sencillo.

- **Gastos de creación y disolución**. Aunque en la creación se ha trabajado mucho, ya se puede poner en marcha una S.L. con poco gasto, debemos recordar que la liquidación sí nos supondrá un gasto más o menos importante dependiendo de cada sociedad.

- **Cotización en el RETA administradores**. Los administradores de las sociedades, por regla general, cotizan en el RETA pero, según criterio de la Seguridad Social, no pueden acogerse a bonificaciones como la tarifa reducida de nuevos autónomos.

- **Gestión**. La gestión de una S.L. es más complicada que la de un empresario individual, con más obligaciones contables y fiscales, pero más sencilla que la de una S.A.

- **Menor flexibilidad**. La constitución y la disolución de una Sociedad Limitada requiere más tiempo que el alta y baja de un autónomo.

Así pues, la Sociedad Limitada se postula como una muy buena opción para convertirse en la forma jurídica más apropiada para nuestro proyecto de emprendimiento.

Eso sí, importante, la forma jurídica no debe limitar nuestro proyecto, debemos adaptarla al mismo, a la fase en la que está, a las necesidades específicas, pudiendo empezar con una forma jurídica, por ejemplo, empresario individual, para después saltar a una Sociedad Limitada y así, en cada momento del proyecto contar con las herramientas necesarias.

Para tomar buenas decisiones es importante contar con toda la información, este GuíaBurros que estás leyendo te va permitir profundizar en las Sociedades Limitadas, pero si quieres hacerlo también en la figura del empresario individual, te recomiendo "GuíaBurros Autónomos".

¿Cómo se constituye una S.L.?

Pasos para constituir una Sociedad Limitada

Las Sociedades Limitadas o S.L., como ya hemos visto en el capítulo anterior, tienen personalidad jurídica propia y por ello, deben constituirse en el notario para su posterior registro en el Registro Mercantil.

Estas obligaciones, junto a la de tener un nombre único que identifique tu sociedad, hacen que este trámite pueda ser tedioso y prolongarse en el tiempo.

En la actualidad, y gracias a los centros PAE, puntos de atención al emprendedor, acreditados por el Ministerio de Industria, Comercio y Turismo, podemos constituir nuestra Sociedad Limitada en pocas horas, de manera telemática, al menos una parte, y con tasas reducidas de notario y registro.

Los PAE pueden ser públicos o privados, mucho ayuntamientos tienen ya una oficina con PAE donde podrás constituir tu S.L. También lo podrás hacer en cualquier PAE privado.

Enlace al PAE:

http://www.paeelectronico.es/es-ES/Paginas/principal.aspx.

Debemos saber que no todas las sociedades se pueden constituir en los PAE, tienen una serie de limitaciones, pero en el 80% de los casos el sistema nos permitirá utilizar este canal.

Los trámites, en el procedimiento de tramitación online del PAE y en el tradicional, son los mismos, la diferencia radica en tener que realizarlos de manera individualizada o poder, de manera telemática en muchos casos, agruparlos en una "ventanilla única".

Los costes de constitución varían mucho si elegimos un sistema u otro. La constitución por el PAE nos ofrece:

- Tramitación gratuita.
- Tasas de notario reducidas, unos 60 €.
- Tasas de registro reducidas, unos 60 €.

Estos costes, tramitación, notario y registro, en el método tradicional y dependiendo de los estatutos y otras particularidades de nuestra sociedad pueden dispararse por encima de los 2.000 €.

Otra gran ventaja del sistema de tramitación online, es el tiempo necesario para la constitución de las sociedades, hablamos de horas, de 48/72h para tener nuestra sociedad operativa, cuando en el método tradicional estos tiempos se suelen disparan por encima de los 20 días.

Los pasos para la constitución de una S.L. son los siguientes:

Registro de la denominación social (del nombre)

Para comenzar el procedimiento de constitución de la sociedad debemos reservar un nombre, un nombre que no coincida con ninguna otra sociedad, y esto lo debemos hacer en el Registro Mercantil Central.

Para proceder a la reserva debemos presentar una lista de cinco nombre para nuestra Sociedad Limitada, estos nombres se evaluarán del primero al último concediéndote el primero que esté libre.

Debes saber que hay millones de denominaciones sociales registradas con lo que te recomiendo que, en la lista de cinco nombres, aunque empieces con una denominación concreta, vayas añadiendo palabras a la misma para asegurarte, que al menos una, será concedida, si no, deberás volver a comenzar el proceso.

Este trámite tiene un coste de unos 17€ que deberás pagar cada vez que se realice una búsqueda de cinco denominaciones y tarda unas 24/48 horas.

Una vez realizado el trámite la denominación social queda reservada durante seis meses, eso sí, caduca para su firma en notario a los tres meses debiendo renovarlo transcurrido este tiempo, para poder aportarlo en el notario.

Registro Mercantil Central:

 http://www.rmc.es/IntroDenominaciones.aspx.

Aportaciones de los socios

Los socios deberán hacer las aportaciones correspondientes a la Sociedad Limitada para poder constituirla.

Estas aportaciones pueden ser dinerarias o en bienes.

Si lo que se aportan son bienes al capital social, estos deberán estar documentados y valorados siguiendo las indicaciones del notario y Registro Mercantil correspondiente.

Si las aportaciones son dinerarias, se deberá abrir una cuenta "en constitución" en una entidad bancaria.

Esta cuenta estará ya a nombre de la futura Sociedad Limitada y para ello, deberemos aportar el Certificado de denominación social negativa concedido por el Registro Mercantil Central en el primer paso del proceso.

Con la cuenta "en constitución" ya creada, cada socio deberá realizar el ingreso de su participación en el capital social a su nombre, y solicitar al banco un Certificado de Aportación.

Los certificados de aportación de capital social expedidos por el banco deberán ser aportados al notario en el momento de la firma.

El dinero aportado a la sociedad quedará en la cuenta en constitución bloqueado hasta que presentes las escrituras selladas en el Registro Mercantil.

Podrás constituir una sociedad con aportaciones en bienes y otras en dinero, eso sí, deberán sumar por encima del mínimo legal exigido, 3.000 €.

Los estatutos sociales

Los estatutos sociales no son más que las normas que definirán el funcionamiento de nuestra sociedad.

Estos estatutos pueden ser redactados por terceros, gestores, abogados o la propia notaría, pero también puedes hacerlo tu basándote en estatutos estándar que puedes encontrar en Internet o, si lo realizas a través de un PAE, utilizando los estatutos simplificados de este procedimiento.

¿Qué deben tener tus estatutos?

- La denominación social, el nombre que ya reservamos en el Registro Mercantil Central con la coletilla correspondiente de "Sociedad de Responsabilidad Limitada".
- El objeto social, la actividad a la que va a estar dedicada.

- El domicilio social, la dirección en España que va a tener nuestra sociedad.

- El capital social, el capital que va a tener la sociedad, la división del mismo en participaciones, el valor de cada participación, una numeración para cada participación y los socios iniciales con las participaciones asignadas.

- Los órganos de gobierno de la sociedad, administrador único, administradores solidarios o mancomunados o consejo de administración.

Los estatutos se incorporan a la escritura pública de constitución.

Escritura pública de constitución (firma en el notario)

La firma de la escritura pública de constitución debe realizarse con todos los socios ante el notario.

Este trámite tiene un coste en tasas de notario que, como ya hemos comentado, es sensiblemente inferior cuando constituimos una sociedad por el tramite online de los centros PAE.

Esta escritura pública es la que después se inscribe en el Registro Mercantil correspondiente.

Documentación necesaria:

- Certificado denominación negativa del Registro Mercantil Central (paso 1).

- Certificado bancario de la aportación dineraria de los socios y/o documentación acreditativa de los bienes aportados (paso 2).

- Los estatutos de la sociedad (paso 3).

- D.N.I. o escrituras de los socios fundadores. Si uno de los socios es otra sociedad, el firmante en nombre de la misma deberá también acreditar los poderes necesarios para ello.

Este es uno de los pasos que debe realizarse de manera presencial ya que es donde el notario certificara la identidad de todos los participantes.

Tramites en Hacienda

- **Obtención del N.I.F.** Debes solicitar, con el modelo 036, el número de identificación fiscal provisional, que tendrá una validez de seis meses hasta conseguir el NIF definitivo de tu sociedad.

- **Alta en I.A.E.** Si tu cifra de negocio es menor de un millón de euros estás exento, será tu caso si acabas de constituir tu sociedad, y solo deberás presentar el modelo 036 con el epígrafe que te corresponde del Impuesto de Actividades Económicas.

- **Alta actividad.** Mediante el modelo 036 declararemos la fecha de comienzo de la actividad y daremos de alta los impuestos que por nuestra actividad y circunstancias nos corresponda presentar.

Todos estos trámites, en el procedimiento telemático de los centros PAE, se realiza mediante el DUE, Documento Único Electrónico.

Si la constitución la realizamos por el método tradicional deberemos solicitar cita previa en Hacienda y presentar las escrituras de constitución, el NIF provisional, y el DNI del administrador de la sociedad, así como el modelo 036 cumplimentado.

Registro Mercantil

La Sociedad Limitada tiene obligación de inscribirse en el Registro Mercantil de la provincia de su domicilio social y contará con un plazo de dos meses desde la constitución.

Para realizar la inscripción se deberá aportar:

- **Certificación negativa de la denominación social.** Certificado del registro mercantil central reservando el nombre de nuestra sociedad y certificando que está disponible.
- **Copia autentificada de las escrituras de la sociedad**. Copia que nos preparará el notario para su inscripción en el Registro Mercantil.
- **Acreditación de liquidación del Impuesto de Transmisiones Patrimoniales y Actos Jurídicos Documentados**, un mero trámite ya que la constitución de Sociedades Limitadas está, desde el 2010, exenta de este impuesto.
- **Copia del N.I.F. provisional**, cajetín del N.I.F provisional facilitado por Hacienda.

Si utilizamos el método telemático de los centros PAE, este proceso estará también incluido en el DUE, Documento Único Electrónico.

N.I.F. definitivo

De nuevo en Hacienda, y con la sociedad ya inscrita en el Registro Mercantil, solicitaremos el N.I.F. definitivo para nuestra sociedad.

Si has realizado los trámites por el PAE, podrás obtener el N.I.F. definitivo de manera online.

Cuenta bancaria

Si ya creaste una cuenta en constitución para las aportaciones iniciales de los socios o si no lo hiciste, es ahora, con la sociedad ya inscrita en el Registro Mercantil y con el N.I.F. definitivo cuando puedes habilitar o abrir una cuenta bancaria, imprescindible para poder pagar los impuestos correspondientes.

Certificado digital

Es obligatorio que como Sociedad Limitada cuentes con un certificado digital que te permita la interacción con las administraciones públicas. Este certificado habilita también el buzón electrónico donde se enviarán las comunicaciones que la administración pública considere necesarias.

Para la obtención del certificado digital de la empresa deberás:

- Solicitar en la Real Fábrica de Moneda y Timbre el código para entidad jurídica. Este trámite tiene un coste de 24€ impuestos no incluidos.
- Solicitar cita previa en Hacienda o Seguridad Social para la autentificación del representante de la sociedad; si este ya cuenta con certificado digital podrás ahorrarte este paso.
- Descargar el certificado digital de la sociedad en nuestro PC. Importante: mismo ordenador, mismo usuario y mismo navegador desde el que se solicitó.
- Habilitar los buzones en el 060 de notificaciones para recibir los comunicados de Hacienda y Seguridad Social.

Órganos de gobierno

Sistema de administración para una S.L.

Las Sociedades Limitadas existen dos órganos de gobierno, la junta general y los administradores o consejo de administración.

La junta general

La junta general es una reunión de los socios de una Sociedad Limitada para la toma de decisiones en los asuntos propios de su competencia.

> ⚠ **IMPORTANTE**
>
> Todos los socios, incluidos los que no hayan participado, quedan sometidos a los acuerdos alcanzados en la junta general.

Las competencias de la junta general son:

- Aprobación de las cuentas anuales, la aplicación del resultado y la aprobación o censura de la gestión social.
- El nombramiento y separación de los administradores, de los liquidadores y, en su caso, de los auditores de cuentas, así como el ejercicio de la acción social de responsabilidad contra cualquiera de ellos.
- La modificación de los estatutos sociales.
- El aumento y la reducción del capital social.

- La transformación, la fusión, la escisión o la cesión global de activo y pasivo y el traslado de domicilio al extranjero.
- La disolución de la sociedad.
- La aprobación del balance final de liquidación.
- Cualesquiera otros asuntos que determinen la ley o los estatutos.

La junta general también tendrá la posibilidad de impartir instrucciones al órgano de administración o someter a autorización determinadas decisiones de gestión de los administradores.

Existen tres tipos de juntas generales:

- **Ordinaria**. Es la junta general que debe realizarse en los seis primeros meses del ejercicio para poder aprobar la gestión social, las cuentas del ejercicio anterior y decidir la aplicación del resultado del mismo.
- **Extraordinaria**. Junta general no ordinaria convocada por los administradores cuando lo estimen oportuno o cuando lo soliciten socios con al menos un 5% del capital social.
- **Junta universal**. Juntas que sin ser debidamente convocadas, son constituidas por estar presente todo el capital social y se acepte por unanimidad la constitución de la misma para tratar cualquier asunto referente a la misma.

Las juntas generales que requieren convocatoria, las ordinarias y las extraordinarias, deberán ser convocadas con al menos 15 días de antelación y, si no hay disposición diferente en los estatutos en el municipio donde la sociedad tenga su domicilio, normalmente en la sede social de la empresa.

El anuncio de convocatoria deberá realizarse en la página web de la sociedad, si esta no estuviera creada, la convocatoria deberá publicarse en el Boletín Oficial del Registro Mercantil y en uno de los diarios de mayor difusión de la provincia en la que esté situado el domicilio social de la empresa.

Los estatutos podrán prever otros métodos de comunicación de las juntas generales.

En la convocatoria debe constar el nombre de la sociedad, la fecha y hora de la convocatoria, el lugar de celebración, el orden del día y los convocantes de la misma.

A la junta general podrán asistir:

- Los socios, independientemente del número de participaciones.
- Los administradores, están obligados a la asistencia.
- Otras personas, los estatutos o la propia junta pueden autorizar la presencia de personas clave para la toma de decisiones.
- Representantes, la representación de un socio solo podrá realizarse por parte del conyugue, o familiar ascendiente o descendiente o por otro socio. La representación debe ser por escrito y para la representación de esa junta específicamente.

En las Sociedades Limitadas, salvo disposición contraria en estatutos, cada participación social en la empresa otorga un voto al socio titular.

Las decisiones se tomarán por mayoría de los votos válidamente emitidos siempre que representen al menos un tercio de los votos totales sin computar los votos en blanco. Las excepciones a esta norma son:

- Se requieren la mitad de los votos para: aumento o disminución capital social o modificación estatutos sociales.
- Se requieren dos tercios de los votos para:

  — Supresión o limitación de derechos de preferencia.
  — Transformación, fusión, la escisión, la cesión global de activo y pasivo y el traslado del domicilio social al extranjero.
  — Exclusión de socios.
  — Autorización al administrador para dedicarse al mismo género de actividad que la sociedad.

Todos los acuerdos de la junta general deberán constar en acta que incluirá los asistentes y las decisiones tratadas.

Importante: los acuerdos de la junta podrán ejecutarse de manera inmediata a la fecha de aprobación del acta.

 ¡OJO!

Los administradores podrán requerir la presencia de un notario para que levante acta. También los socios que representen más del 5% del capital social.

Administradores o consejo de administración

La representación y gestión de la sociedad corresponde a los administradores según la forma elegida en los estatutos.

- **Administrador único.** La representación recaerá sobre una única persona.

- **Administradores solidarios.** El poder corresponde a cada administrador, aunque la junta o los estatutos hayan regulado las funciones de cada uno de los administradores.

- **Administradores mancomunados.** El poder de representación se ejercerá de manera conjunta contando para cada decisión con al menos dos de los administradores.

- **Consejo de administración.** La representación corresponde al propio consejo que actuará de manera colegiada. El consejo deberá contar con un mínimo de tres miembros y un máximo de doce.

Los estatutos de la sociedad pueden incluirse diferentes modos de organizar y gestionar la sociedad y será la junta general quien decida cual aplicar en cada momento sin necesidad de modificar los mismos.

Administradores

El nombramiento de administradores en una sociedad es potestad de la junta general. Este nombramiento debe ser registrado en el Registro Mercantil aportando la identidad del nombrado y el modo de actuación, administrador único, solidario, mancomunado o en Consejo de administración.

Si no se dice nada en contra en los estatutos, la función de administrador será gratuita. Si se fijara un salario para los administradores, el gasto total anual deberá ser aprobado por la junta general.

La duración del cargo de administrador es ilimitada a menos que los estatutos digan lo contrario, sin embargo los administradores podrán ser cesados de sus funciones en cualquier momento por la junta general.

Los administradores podrán ser personas físicas o jurídicas, pero quedan excluidos:

- Menores de edad no emancipados.
- Judicialmente incapacitados.
- Judicialmente inhabilitados.
- Funcionarios de la administración pública y otros profesionales afectados por una incompatibilidad legal.
- Los condenados por delitos recogidos en la Ley de Sociedades de Capital.

Los administradores están sometidos a los siguientes deberes:

- **Deber de diligencia.** Cumplir de manera diligente los deberes impuestos por la ley y los estatutos:

  — Dedicación adecuada.

  — Toma de medidas para la buena dirección y control de la sociedad.

  — Exigir y recabar de la sociedad la información necesaria para el cumplimiento de sus obligaciones.

  👁 ¡OJO!

  Un administrador no responde dentro de las decisiones estratégicas o de negocio si ha actuado de buena fe, con interés, con suficiente información y por procedimientos adecuados de decisión.

- **Deber de lealtad**. Los administradores deberán ejercer sus funciones de representación y dirección con la lealtad de un fiel representante, obrando de buena fe y siempre en el mejor interés de la sociedad.

  — Guardar secreto.

  — No desviar poder.

  — Adoptar medida preventivas para evitar conflictos de intereses.

  — Independencia.

  — Abstenerse en caso de conflicto de intereses.

Los administradores responden frente a la sociedad, los socios y los acreedores sociales por los daños causados por acción u omisión contrarios a la ley o los estatutos y por incumplimiento de los deberes del cargo siempre que hayan intervenido dolo o culpa.

 ¡OJO!

La responsabilidad de los administradores es solidaria, por lo que todos los miembros del órgano de dirección en ese momento responderán de manera solidaria.

El consejo de administración

Es un órgano de administración nombrado por la junta general que deberá representar, liderar y gestionar la sociedad.

Las principales funciones del consejo de administración son:

- Creación y control de los presupuestos de la sociedad.
- Control de la ejecución para la consecución de los objetivos estratégicos de la sociedad.
- Creación de valor para los accionistas y la sociedad.
- Toma de decisiones en inversiones importantes o enajenación de activos.
- Revisión de cuentas y aplicación de los resultados de la sociedad.
- Operaciones de la sociedad.
- Convocar la junta general de manera extraordinaria para la toma de decisiones urgentes.
- Fijar las condiciones de la alta dirección de la empresa.

El consejo de administración tiene una serie de obligaciones:

- Debe reunirse a petición del presidente.
- Para que una reunión sea válida deben concurrir, presencial o mediante representación, al menos la mitad más uno de los miembros.
- La toma de decisiones se realizará por mayoría absoluta, a menos que los estatutos estipulen otras proporciones.
- Se registraran las reuniones en el Libro de Actas y deberán ser firmadas por el presidente y el secretario.

El consejo de administración puede tener desde tres a doce miembros y estará compuesto por:

- **Presidente**. Responsable de presidir, convocar y elaborar el orden del día de las reuniones.
- **Secretario**. Asiste al presidente, firma las actas y ejerce como secretario en las reuniones de consejo.
- **Consejeros/vocales**. Participar en las reuniones y aportar sus opiniones en las diferentes materias.

 ¡OJO!

El secretario puede ser o no miembro del consejo de administración, es habitual que esta función la ejerza el abogado de la firma.

 **IMPORTANTE**

El consejo de administración podrá nombrar a un consejero delegado para ejercer de manera individual la representación de la sociedad.

Pacto de socios

Regula y pacta el funcionamiento de los socios

La elección de socios y su funcionamiento en el proyecto es una de las fuentes más importantes de problemas si no hemos sabido hacer bien las cosas.

Los socios son importantes en los proyectos empresariales, en algunos casos fundamentales, pero debemos, desde el principio, fijar claramente las reglas del juego, debemos dotarnos de un pacto de socios.

Y entiendo, como empresario, que cuando ponemos en marcha un negocio, creemos haber encontrado el equipo inicial ideal, lo que menos nos apetece es hacer pasar a los socios por un pacto que regule sus funciones y que proteja al proyecto de posibles situaciones futuras, algunas no muy positivas, pero créeme, esto puede marcar la diferencia entre la continuidad del mismo y el fracaso más absoluto.

La ley nos ofrece una gran flexibilidad en la relación entre los socios, y esto, lejos de ser negativo, es un factor muy importante dentro de las sociedades, pero, también una gran responsabilidad, la de regular y acotar esta relación a los intereses del proyecto en cada etapa.

El pacto de socios no es más que un acuerdo firmado por todos los socios de una sociedad, con el propósito de regular las funciones y condiciones de estos dentro del negocio, buscando la resolución de posibles conflictos y problemas que puedan, en un momento dado, poner en peligro el éxito de nuestro proyecto.

 **IMPORTANTE**

El pacto de socios no es obligatorio; si no existe, la relación entre los socios se regirá por la legislación vigente.

El pacto de socios debe ir adaptándose a las necesidades del proyecto, por eso es importante firmar el primero al constituir la misma, pero también nos encontraremos otros momentos que también serán interesantes para revisar y actualizar este pacto, como por ejemplo la entrada de un nuevo socio, o la entrada de un inversor o un fondo al capital de nuestra sociedad.

Y es que, el pacto de socios, al marcar las reglas del juego, ofrece a posibles nuevos socios e inversores, la garantía de una resolución rápida de posibles conflictos, que no bloqueará el funcionamiento de la sociedad y que garantizarán la continuidad del proyecto.

 ¡OJO!

El bloqueo de una sociedad por parte de los socios provoca grandes problemas para proyectos que, aunque viables terminan no funcionando por motivos ajenos a la actividad.

 **DATO**: Puedes descargarte de internet un modelo de pacto de socios, aunque te recomendamos que lo adaptes a las necesidades de tu negocio.

El pacto de socio es, normalmente, un acuerdo privado entre socios, que obliga a los firmantes a cumplir lo pactado y que nada tiene que ver con los estatutos. Este pacto no puede ser contrario a la ley.

 ¡OJO!

El pacto de socios puede elevarse a público ante notario.

⚠ **IMPORTANTE**

La modificación del pacto de socios debe realizarse por acuerdo de todos los firmantes.

Materias a regular en un pacto de socios:

- **Gobierno de la sociedad**. Normas para regular posibles conflictos y bloqueos en los órganos de dirección de la sociedad.

- **Entrada de socios**. Las condiciones y motivaciones para la entrada a un nuevo socio, inversor o no, en nuestro proyecto deben estar perfectamente definidas en nuestro pacto de socio para favorecer los intereses del proyecto en cada momento.

- **Salida de socios**. Siempre se puede dar el caso de que un socio quiera o necesite salir de nuestra sociedad y tendremos que regular cosas tan importantes como el derecho de adquisición preferente, los derechos de arrastre (*drag along*) y acompañamiento (*tag along*), etc.

- **Funciones de cada socio**. Una de las principales causas de malentendidos en las sociedades son las funciones, las tareas y en definitiva, la dedicación que cada uno ofrece a la sociedad, dejarlo por escrito ayudará a todos los socios a cumplir sus compromisos.

- **Cláusula de no competencia**. Muy importante en algunos sectores y fundamental en algunos tipos de socios de un proyecto empresarial, en el pacto de socios esto también se puede regular.

Hay otras cláusulas que puedes utilizar en tu pacto de socios.

- Mayorías reforzadas.
- Derecho de veto.
- Permanencia en comité de dirección.
- Cláusulas de *exit*.
- Liquidación preferente.
- Etc...

Así pues, al constituir tu sociedad, y en los momentos de entrada de nuevos socios, plantea el pacto de socio como garantía de continuidad de tu proyecto empresarial regulando la relación entre los socios.

Administrador societario

Obligaciones y responsabilidad

La Ley de Sociedades de Capital obliga a toda sociedad mercantil constituida a contar con un órgano de administración responsable de la gestión de la misma.

Los órganos que podemos elegir para cumplir con la ley son:

- Administrador único.
- Administradores solidarios o mancomunados.
- Consejo de administración.

Así pues, el administrador de una sociedad será la persona encargada de la gestión del día a día en la sociedad y actuará como representante de la misma interna y externamente.

El administrador o administradores son elegidos por la junta general que decidirá también si el cargo es remunerado o no.

Podrá ser administrador cualquier persona, socio o no socio, mayor de edad que no se encuentre en ninguna de las siguientes excepciones:

- Menores y personas incapacitadas e inhabilitados.
- Personas condenadas penalmente.

- Personas que no puedan desarrollar actividades mercantiles por razón de su cargo.

- Algunos funcionarios por razones de incompatibilidad.

Obligaciones del administrador

Las obligaciones del administrador se fundamentan en la actuación bajo el precepto de la buena fe en el desarrollo de sus funciones de gestión y representación.

⚖ **Ley** Título VI de la Ley de Sociedades de Capital.

Esta ley basa las obligaciones de un administrador en dos principios claves, la lealtad y la diligencia.

Deber de lealtad:

- Su actuación se limite a las funciones encomendadas a su cargo.

- Discrecionalidad empresarial.

- No implicarse en la toma de decisiones en asuntos en los que exista conflicto de intereses personales.

- Actuar en beneficio de la empresa y no perjudicando a la sociedad.

Deber de diligencia:

- Los administradores deberán desempeñar el cargo y cumplir los deberes impuestos por las leyes y los estatutos con la diligencia de un ordenado empresario, teniendo en cuenta la naturaleza del cargo y las funciones atribuidas a cada uno de ellos.

- Los administradores deberán tener la dedicación adecuada y adoptarán las medidas precisas para la buena dirección y el control de la sociedad.
- En el desempeño de sus funciones, el administrador tiene el deber de exigir y el derecho de recabar de la sociedad la información adecuada y necesaria que le sirva para el cumplimiento de sus obligaciones.

El administrador de una sociedad no debe tomar estas obligaciones a la ligera ya que el incumplimiento de las mismas puede generar una serie de responsabilidades en el ámbito de la actividad económica, fiscal, financiera, mercantil y jurídica.

Responsabilidad del administrador

Es cierto que la sociedad responde ante terceros por los actos del administrador, pero también debemos saber que este, el administrador, responde ante los socios y los acreedores del daño causado por actos u omisiones contrarios a la ley o a los estatutos, o por el incumplimiento de los deberes del cargo que desempeña, cuando haya dolo o culpa.

Responsabilidad civil

Si los administradores de una sociedad incumplen sus obligaciones y actúan en beneficio propio o en contra del bien social, pueden ser responsables solidarios de los incumplimientos o de las obligaciones de la sociedad.

En determinadas circunstancias podrán ser exigidas responsabilidades al administrador cuando la sociedad no pueda hacer frente sus obligaciones.

La responsabilidad civil de los administradores se puede exigir de dos formas:

- **Acción social**, promovida por los socios y aprobada en junta general.
- **Acción individual**, promovida bien por los socios, bien por terceros.

Estas acciones prescriben a los cuatro años.

Responsabilidad mercantil

La actuación del administrador se encuentra amparada por la regla del juicio empresarial, que pone en valor las decisiones de los administradores cuando actúan de buena fe, sin intereses personales, con suficiente información y con un sistema de decisión adecuado.

Sin embargo, si la sociedad se liquida o entra en concurso, la labor del administrador puede ser revisada y se analizarán las decisiones tomadas para determinar si la situación de la sociedad es consecuencia de las mismas y entonces exigir responsabilidad mercantil al administrador de la misma.

Responsabilidad laboral

El administrador es responsable del pago de cuotas y recargos a la Seguridad Social, pudiendo la Tesorería General de la Seguridad Social (TGSS), en caso de no realizarse, derivar las responsabilidades de pago de las mismas directamente al administrador.

Responsabilidad fiscal

La Agencia Tributaria puede derivar la responsabilidad de pago de las deudas fiscales al administrador de la sociedad, amparándose en el incumplimiento de sus obligaciones, y asumiendo la culpabilidad del mismo.

Responsabilidad penal

Están contempladas consecuencias penales para determinadas conductas de los administradores, como la apropiación indebida, el alzamiento de bienes, el falseamiento de las cuentas o las insolvencias punibles.

Socios y administradores

Como facturan y cotizan en la Seguridad Social

Una de las grandes dudas que se presentan a la hora de poner en marcha una Sociedad Limitada es el encuadre de los socios y los administradores dentro de la Seguridad Social, quienes deben cotizar en el RETA, Régimen Especial de los Trabajadores Autónomos, quienes deben hacerlo en el Régimen General y quienes en el Régimen General Asimilado.

La facturación o la nómina para la retribución de los trabajos realizados por los socios y administradores generan también muchas dudas.

Para poner luz sobre estos aspectos debemos, primero, conocer ciertos conceptos que determinarán la respuesta a estas cuestiones.

Funciones de dirección y gerencia

Estas funciones son las elementales como administrador de una Sociedad Limitada.

Las sociedades deben contar con al menos una persona física sobre la que recaigan las funciones y responsabilidades de la administración de la empresa.

El administrador o administradores pueden no ser socios de la Sociedad Limitada.

Control efectivo de la sociedad

Se considera que un socio tiene control efectivo de la sociedad si:

• Tiene más del 50% de la sociedad.

Pero además y, salvo prueba en contra, tendrían el control de la sociedad si su participación en la sociedad es:

• Tiene al menos el 50% distribuida entre socios con los que conviva y esté unido por vínculo conyugal o de parentesco por consanguinidad, afinidad o adopción, hasta el segundo grado.
• Tiene al menos un tercio de las participaciones.
• Tiene al menos una cuarta parte de la sociedad y tienes atribuidas funciones de dirección o gerencia de la sociedad.

Socios y trabajadores de la empresa

Dentro de las sociedades podemos encontrar socios, socios trabajadores, socios administradores o consejeros, trabajadores administradores o consejeros y trabajadores.

Dependiendo de tipo de relación con la sociedad, de la actividad que se realice para esta y de la responsabilidad que se asuma tendremos un encuadre u otro en la Seguridad Social.

Regímenes de la Seguridad Social

Los socios y no socios de la sociedad deben encuadrase en el régimen que les corresponda según sus funciones, participación y situación en la Seguridad Social. Los regímenes de la S.S. son:

RETA (Régimen Especial Trabajador Autónomo). Cuando se realicen de forma habitual, personal y directa una actividad económica a título lucrativo, y siempre que el desempeño de esta actividad no esté sujeta a contrato de trabajo por ninguna empresa.

Pero además quienes ejerzan funciones de dirección y gerencia, incluyendo el desempeño del cargo de consejero o administrador, y los que presten servicios para una sociedad mercantil capitalista siempre que posean el control efectivo de aquella (o lo que es lo mismo, ser titular de, mínimo, la mitad del capital social).

- **Regimen general.** Se encuentran englobados los trabajadores por cuenta ajena y los asimilados a ellos, es decir, los trabajadores que voluntariamente presten sus servicios retribuidos por cuenta ajena y dentro del ámbito de organización y dirección de otra persona, física o jurídica, denominada empleador o empresario independientemente de las modalidad contractual.
- **Regimen general asimilado.** Como el régimen general pero con exclusión de la protección por desempleo y del Fondo de Garantía Salarial.

Encuadre en la Seguridad Social

Administrador o consejero

CASO 1	
• Con funciones de dirección y gerencia • Retribuido (en estatutos). • Socio con menos del 25% del capital.	Régimen General Asimilado
CASO 2	
• Sin funciones de dirección y gerencia. • Socio con menos del 33% del capital.	Régimen General
CASO 3	
• No socio.	Régimen General Asimilado
RESTO DE CASOS	RETA

Si el administrador reside fuera de España no deberá darse de alta en la Seguridad Social.

Socios trabajadores

CASO 1	
• Con funciones de dirección y gerencia • Socio con más del 25% del capital	RETA
CASO 2	
• Sin funciones de dirección y gerencia • Socio con menos del 33% del capital	Régimen General
CASO 3	
• Control efectivo de la sociedad	RETA
RESTO DE CASOS	RETA

Plan de empresa

La hoja de ruta de tu proyecto empresarial

Un plan de empresa no es más que la respuesta a las preguntas necesarias para poner en marcha o guiar tu proyecto empresarial hacia sus objetivos de éxito.

Hablamos de una hoja de ruta que nos permitirá saber dónde estamos, dónde queremos llegar, qué medios materiales y humanos están a nuestra disposición para el viaje, qué etapas tendrá, qué camino es más interesante seguir en cada tramo, qué problemas nos podemos encontrar y cómo solucionarlo, qué carreteras y caminos deberemos recorrer, qué vehículo es el más adecuado para cada momento del viaje, etc...

Cuanto más específica y trabajada esté la hoja de ruta, el plan de viaje, menos incertidumbres tendrá, menos improvisación será requerida durante el mismo y mayores posibilidades de éxito tendremos.

¿Para qué sirve el plan de empresa?

La utilidad fundamental de un plan de empresa es servir como hoja de ruta de nuestro negocio, recoger la información necesaria para un viaje ya de por sí, con mucha incertidumbre.

El plan de empresa debe ser concebido como un documento interno, en muchos casos confidencial, que nos permita ser totalmente sinceros con los escenarios posibles y las estrategias a aplicar.

Es cierto que este documento también se utiliza para dar información a terceros, para informar a un posible socio, para conseguir financiación o para hacerlo llegar a clientes y proveedores.

Si necesitas un plan de empresa para terceros, te recomiendo que hagas un nuevo documento, basado en el plan interno, pero haciendo hincapié en los aspectos más interesantes para el que va a recibir la información, y no desvelando información sensible que no aporte nada para el caso.

¿Qué información debe tener?

Un buen plan de empresa debe responder a todas las preguntas necesarias para entender y gestionar un negocio.

Existen muchos modelos; lo fundamental es que, estructurados de una manera u otra, consigan recopilar la información importante del proyecto.

- **Resumen ejecutivo.** Primer documento del plan y último en ser escrito, es el resumen de todo el documento y debe centrarse en los aspectos fundamentales.
- **Antecedentes y justificación.** Definiremos dónde estamos, quiénes somos, a dónde queremos llegar y por qué. Ningún viaje puede comenzar sin tener esto claro.

- **Modelo de negocio**. Cómo vamos a ganar dinero, que estrategias vamos a utilizar para posicionar nuestros productos y diferenciarnos de la competencia.

- **Análisis del sector**. Qué competencia tendremos, cómo resuelven los problemas, qué nichos cubren, cómo se comportan con las fuerzas de Porter, etc..

- **Mercado**. La estrategia que seguiremos para entrar en el sector, el nicho de clientes elegido, la presentación de nuestro producto o servicio, el tamaño de nuestro mercado.

- **Plan de marketing**. Definiremos la estrategia del producto o servicio, las características que tendrá para ser atractivo, el posicionamiento del mismo en el sector, su capacidad para cubrir las necesidades del mercado y nicho seleccionado.

- **Organización y recursos**. Todo lo que vamos a necesitar para nuestro proyecto, desde recursos humanos y sus características, pasando por las estructuras de control, hasta los recursos materiales que deben ser puestos a disposición del mismo.

- **Aspectos financieros**. Desde los informes básicos como presupuestos, balances y flujos, hasta los indicadores financieros más importantes, rentabilidad, punto de equilibrio y retorno de la inversión.

- **Análisis de riesgos**. Los proyectos empresariales tienen siempre riesgos, su identificación y seguimiento, así como las estrategias para combatirlos serán reflejadas en esta parte de nuestro Plan de Empresa.

- **Escenarios futuros**. Donde ves el proyecto dentro de unos años, cuales son los objetivos y metas que planteas, cual es el horizonte de éxito para el proyecto, en definitiva, donde quieres llevar tu proyecto con este Plan de Empresa.

Si respondes a estas preguntas, sin darte cuenta, habrás hecho un Plan de Empresa que servirá como hoja de ruta para tu negocio. Y de aquí, con pequeñas modificaciones y retoques, tendrás cualquier documento de información empresarial que necesites.

Obligaciones de una S.L.

Contables, fiscales, laborales

Las Sociedades Limitadas tienen una serie de obligaciones que cumplir desde su puesta en marcha hasta su liquidación.

Estas obligaciones se pueden dividir en contables, fiscales y laborales.

Obligaciones contables y de registro de una Sociedad Limitada

Las sociedades tienen la obligación de llevar de manera ordenada los siguientes libros:

Libros societarios

Recogen los movimientos sociales de la historia de una empresa.

- **Libro de registro de socios.** Refleja el listado de socios con sus participaciones y los movimientos de estás durante el tiempo.

⚖ **Ley** artículo 104 de la Ley de Sociedades de Capital.

- **Libro de actas**. Se compone de los acuerdos en las Juntas de la empresa y los consejos de administración o en otros órganos con toma de decisiones en la sociedad.

  Es obligatorio y debe presentarse en el Registro Mercantil. .

  ⚖ **Ley** artículo 26 del Código de Comercio.

- **Libro de contratos**. Recoge los contratos entre el socio único y la sociedad.

  Sólo es obligatorio y debe presentarse en el Registro Mercantil para las Sociedades Limitadas unipersonales (SLU).

  ⚖ **Ley** artículo 16 de la Ley de Sociedades de Capital.

Libros contables

Recogen la información contable de la empresa.

⚖ **Ley** artículo 25 del Código de Comercio.

- **Libro de inventario y cuentas anuales.** Incluirá, un balance inicial detallado de la empresa, balance de comprobación de sumas y saldos, inventario de cierre, libro de cuentas anuales con el balance de situación y la cuenta de pérdidas y ganancias.

  Su plazo de presentación es de hasta cuatro meses tras el cierre del ejercicio.

  ⚖ **Ley** artículo 25 del Código de Comercio.

- **Libro diario**. Se registran todas las operaciones de la actividad económica de la sociedad de forma cronológica.

  El libro diario se inicia con el registro de la situación inicial de la empresa (asiento de apertura), recoge las operaciones del año, y finalmente se cierra con un registro de la situación final del año (asiento de cierre). Debe registrarse en el Registro Mercantil.

  Ley artículo 28 del Código de Comercio.

- **Libro Registro IVA (Impuesto de Valor Añadido)**. No se registra en el Registro Mercantil pero es necesaria su llevanza cuando la sociedad está sujeta a este impuesto.

  — El libro registro de facturas expedidas.
  — El libro registro de facturas recibidas.
  — El libro registro de bienes de inversión.
  — El libro registro de determinadas operaciones intracomunitarias.

  Ley artículo 62.1 del Reglamento del Impuesto sobre el Valor Añadido.

Además de la llevanza de los libros, las sociedades tienen las siguientes obligaciones de registro:

- **Legalización de libros**. Las sociedades deben legalizar los siguientes libros en el Registro Mercantil correspondiente a su domicilio social:

  — Libro de cuentas anuales.

  — Libro de actas.

  — Libro de socios.

  La legalización se puede realizar de manera telemática y tiene una pequeña tasa.

- **Depósito y aprobación de cuentas.** Las sociedades deben aprobar las cuentas y registrarlas en el Registro Mercantil correspondiente dentro del mes siguiente.

— Solicitud firmada por el representante.

— Certificación del órgano competente aprobando las cuentas anuales y la distribución del resultado.

— Acreditación de que las cuentas auditadas coinciden con las que han sido objeto de auditoría.

— Ejemplar de las cuentas anuales (balance, cuenta de pérdidas y ganancias y memoria) firmada por los administradores.

— Ejemplar del informe de gestión firmado por los administradores.

— Ejemplar del informe de auditoría en el caso de que se tenga la obligación de realizarla.

— Certificado en el que figure el negocio producido por las acciones propias.

Obligaciones fiscales de una Sociedad Limitada

- **Alta censo de empresarios, profesionales y retenedores.** Antes de iniciar una actividad económica desde una Sociedad Limitada deberemos rellenar el modelo 036 y registrar en Hacienda la Sociedad Limitada.

- **IAE (Impuesto de Actividades Económicas).** Las sociedades que desarrollan actividad empresarial están obligadas a darse de alta en este impuesto y a pagarlo si su cifra de negocio anual es igual o superior al millón de euros.

- **IS (Impuesto de Sociedades).** Es un impuesto que grava los beneficios de la sociedad en el ejercicio de su actividad.

  El tipo general está en el 25% aunque, en los dos primeros años de actividad se reduce al 15%.

  Se presenta con el modelo 200 anual y el 202 de pagos a cuenta.

- **IVA (Impuesto sobre el valor añadido).** Las sociedades están obligadas, salvo exención, a declarar el IVA soportado y el repercutido en sus facturas.

  Se liquida la diferencia entre el IVA soportado y el repercutido, normalmente cada tres meses con el modelo 303 y el anual 390.

  Es importante conocer también el modelo 349 de operaciones Intracomunitarias para las sociedades que realicen negocios con otras empresas de la Unión Europea. Es un modelo informativo.

- **IRPF (Impuesto de la Renta de las Personas Físicas)**. Este no es un impuesto sobre la sociedad, pero sí es esta la responsable de gestionarlo. Hablamos de la retención de IRPF sobre trabajadores de la compañía y de la retención de IRPF a profesionales autónomos que facturen a nuestra sociedad con retención.

  Se liquida cada tres meses en el modelo 111 y se resume anualmente en el 190.

  Si la empresa es titular de un contrato de arrendamiento puede recibir facturas con retención por el alquiler, debiendo liquidar estas retenciones cada tres meses con el modelo 115 y el resumen anual 180.

- **Operaciones con terceros.** Si se realizan operaciones con terceros que superen los 3.005,06 € IVA incluido, la sociedad deberá presentar el modelo informativo 347 detallando el cliente/proveedor y el montante total de las facturas recibidas y/o emitidas.

Obligaciones Seguridad Social

- **Altas, modificaciones y bajas trabajadores.** Si la sociedad tiene trabajadores, es su responsabilidad comunicar a la Seguridad Social mediante el sistema RED.

  La empresa dispone de tres días para comunicar modificaciones y bajas y puede dar el alta hasta 60 días antes del comienzo del trabajo.

- **Seguros Sociales**. Obligación mensual del pago de los seguros sociales de los trabajadores contratados.

Obligación de relación telemática con la administración pública

- **Alta en el servicio de Notificaciones Electrónicas.** Las Sociedades Limitadas están obligadas a tener una *dirección electrónica habilitada* para recibir las comunicaciones de Hacienda. Estas comunicaciones también se pueden consultar en la web de la Agencia Tributaria.
- **Alta en el Sistema RED.** Las sociedades con trabajadores deben inscribirse en la Sede Electrónica de la Seguridad Social y relacionarse de manera electrónica con la Seguridad Social.
- **Certificado Digital.** Las sociedades están obligadas a relacionarse electrónicamente con las administraciones públicas y para ello es imprescindible contar con el Certificado Digital, que es el medio de acreditación digital para realizar cualquier gestión o comunicación electrónica con las administraciones públicas.

Facturación

Tipos de facturas y sus requisitos

Las Sociedades Limitadas están obligadas a facturar cuando realizan una operación de venta de bienes o de servicios.

⚖ **Ley** Real Decreto 1619/2012, de 30 de noviembre.

Es obligatorio emitir factura:

- Cuando el destinatario sea un empresario o profesional y actúe como tal.
- Cuando el destinatario de la obligación así lo exija para el ejercicio de cualquier derecho de naturaleza tributaria.
- Exportaciones de bienes exentas de IVA (salvo las realizadas en tiendas libres de impuestos).
- Entregas intracomunitarias de bienes exentas de IVA.
- Cuando el destinatario sea una Administración Pública o una persona jurídica que no actúe como empresario o profesional.
- Determinadas entregas de bienes objeto de instalación o montaje antes de su puesta a disposición, cuando aquella se ultime en el territorio de aplicación del impuesto.
- Ventas a distancia y entregas de bienes objeto de Impuestos Especiales, cuando se entiendan realizadas en el territorio de aplicación del impuesto.

Existen diferentes tipos de factura según el tipo de operación comercial, el propósito de la misma, o el medio por el que se realicen, las más importantes son:

- **Factura ordinaria**, documenta una operación comercial, ya sea de compraventa o de prestación de servicios.

- **Factura rectificativa**, documenta la rectificación de una factura o facturas ya existentes para solventar un error en las mismas. Hay un plazo máximo de cuatro años para poder rectificar una factura y esta deberá incluir referencia a la factura a corregir.

- **Factura proforma**, es una factura provisional donde especificaremos los detalles de una futura actividad comercial.

Las facturas deberán contener los siguientes datos para poder ser consideradas como válidas:

- **Número y, en su caso, serie**. La numeración de las facturas dentro de cada serie será correlativa.

  Será obligatoria, en todo caso, la expedición en series específicas de las facturas siguientes:

  — Las expedidas por los destinatarios de las operaciones o por terceros, para cada uno de los cuales deberá existir una serie distinta.

  — Las rectificativas.

  — Las que se expidan por los adjudicatarios que tengan la condición de empresario o profesional en los procedimientos administrativos y judiciales de ejecución forzosa.

- La **fecha** de su expedición.

- Nombre y apellidos, **razón o denominación social completa**, tanto del obligado a expedir factura como del destinatario de las operaciones.

- **Número de Identificación Fiscal** atribuido por la Administración tributaria española o, en su caso, por la de otro estado miembro de la Unión Europea, con el que ha realizado la operación el obligado a expedir la factura.

- **Domicilio**, tanto del obligado a expedir factura como del destinatario de las operaciones.

- **Descripción de las operaciones**, consignándose todos los datos necesarios para la determinación de la base imponible del Impuesto y su importe, incluyendo el precio unitario sin Impuesto de dichas operaciones, así como cualquier descuento o rebaja que no esté incluido en dicho precio unitario.

- El **tipo impositivo o tipos impositivos**, en su caso, aplicados a las operaciones.

- La **cuota tributaria** que, en su caso, se repercuta, que deberá consignarse por separado.

En las **facturas simplificadas** no es obligatorio incluir los datos del receptor de la factura, ni el desglose en base imponible, tipo de IVA y cuota de IVA, ni incluir una descripción completa de las operaciones realizadas.

Los requisitos para poder emitir facturas simplificadas son:

- Su importe no exceda de 400€, IVA incluido.
- Deba expedirse una factura rectificativa.
- Su importe no exceda de 3.000€, IVA incluido y se trate de las siguientes operaciones:

  — Ventas al por menor.
  — Venta o servicios de ambulancia o a domicilio del consumidor.
  — Transporte de personas y sus equipajes.
  — Servicios de hostelería y restauración y salas de baile y discotecas.
  — Servicios telefónicos prestados mediante cabinas telefónicas de uso público, o mediante tarjetas que no permiten la identificación del portador.
  — Servicios de peluquerías, institutos de belleza, tintorerías y lavanderías.
  — Utilización de instalaciones deportivas, aparcamiento de vehículos y autopistas de peaje.
  — Revelado de fotografías y servicios prestados por estudios fotográficos y alquiler de películas.

Las **facturas** pueden ser **electrónicas**; son aquellas facturas que se ajusten a lo establecido en el Reglamento de facturación (art. 9-10) y que haya sido expedida y recibida en formato electrónico.

Obligaciones de facturación

Plazo para la expedición de las facturas

Las facturas deberán ser expedidas en el momento de realizarse la operación.

No obstante, cuando el destinatario de la operación sea un empresario o profesional que actúe como tal, las facturas deberán expedirse antes del día 16 del mes siguiente a aquel en que se haya producido el devengo del impuesto correspondiente a la citada operación.

Moneda y lengua en que se podrán expresar y expedir las facturas

Los importes que figuran en las facturas podrán expresarse en cualquier moneda, a condición de que el importe del impuesto que, en su caso, se repercuta se exprese en euros.

Las facturas podrán expedirse en cualquier lengua. No obstante, la Administración Tributaria, cuando lo considere, podrá exigir una traducción al castellano, o a otra lengua oficial en España.

Plazo para la remisión de las facturas

La obligación de remisión de las facturas en el mismo momento de su expedición o bien, cuando el destinatario sea un empresario o profesional que actúe como tal, antes del día 16 del mes siguiente a aquel en que se haya producido el devengo del impuesto correspondiente a la citada operación o en el caso de las operaciones acogidas al régimen especial del criterio de caja o de facturas rectificativas antes del día 16 del mes siguiente a aquel en que se hubiera realizado la operación o se hubiera expedido la factura respectivamente.

Obligación de conservación de facturas

El artículo 29.2, letra e) de la Ley 58/2003, de 17 de diciembre, General Tributaria, establece para los empresarios y profesionales la obligación de expedir y entregar facturas o documentos sustitutivos y conservar las facturas, documentos y justificantes que tengan relación con sus obligaciones tributarias.

El artículo 165.Uno de la Ley 37/1992, de 28 de diciembre del Impuesto sobre el Valor Añadido, establece que dichos documentos deberán conservarse durante el plazo de prescripción del impuesto.

Se deberán conservarse con su contenido original, ordenadamente y durante el plazo que establece la Ley General Tributaria los siguientes documentos:

- Facturas recibidas.
- Copias o matrices de las facturas expedidas.
- Los justificantes contables en las operaciones en las que sea de aplicación la inversión del sujeto pasivo cuando el proveedor no esté establecido en la comunidad.

- Los recibos justificativos del reintegro de la compensación del Régimen especial de la Agricultura, Ganadería y Pesca, tanto el original de aquel, por parte de su expedidor, como la copia, por parte del titular de la explotación.

- Los documentos acreditativos del pago del impuesto a la Importación.

Cuando las facturas recibidas o expedidas se refieran a adquisiciones por las cuales se hayan soportado cuotas del IVA cuya deducción esté sometida a un período de regularización, **deberán conservarse durante su correspondiente período de regularización y los cuatro años siguientes**.

Impuesto de Sociedades

El IS o Impuesto de Sociedades, grava el beneficio de las sociedades y demás entidades residentes en todo el territorio español.

Son residentes en territorio español las entidades en las que se cumpla alguno de los siguientes requisitos:

- Que se hubiesen constituido conforme a las leyes españolas.
- Que tengan su domicilio social en territorio español.
- Que tengan la sede de dirección efectiva en territorio español (cuando en él radique la dirección y control del conjunto de sus actividades).

⚠ **IMPORTANTE**

Deben presentar declaración del IS aunque no hayan desarrollado actividades durante el periodo impositivo o no hayan obtenido rentas sujetas al impuesto, como regla general.

 ¡OJO!

En Navarra y en el País Vasco se aplica el IS según el régimen de convenio económico y de concierto económico, respectivamente.

Gastos deducibles y no deducibles

El resultado de la empresa es la diferencia entre ventas e ingresos y compras y gastos devengados en el ejercicio. Para determinar la base imponible, se parte del resultado contable por estimación directa.

Para que un gasto sea deducible es necesario que esté contabilizado (salvo excepciones previstas en la ley), pero además tiene que cumplir otros requisitos, que pueden resumirse en que el gasto debe responder a un hecho económico real, es decir, la anotación contable debe corresponder con una operación efectivamente realizada y no simulada.

Los gastos para que sean deducibles fiscalmente a los efectos de calcular la base imponible del Impuesto sobre Sociedades, deben de cumplir los siguientes requisitos:

- **Contabilización**: se deben imputar contablemente en la cuenta de pérdidas y ganancias o en una cuenta de reservas.
- **Justificación**: se deben justificar, de forma prioritaria, mediante la factura entregada por el empresario o profesional que haya realizado la correspondiente.

👁 ¡OJO!

La factura deberá cumplir los requisitos recogidos en el Real Decreto 1619/2012,de 30 de noviembre, por el que se aprueba el Reglamento por el que se regulan las obligaciones de facturación (Reglamento de facturación).

- **Imputación**: con carácter general se deben imputar en el período impositivo en que se devenguen.
- **Correlación con los ingresos**: deben realizarse en el ejercicio de la actividad con el objetivo de obtener ingresos.

Únicamente tendrán la consideración de gastos fiscalmente deducibles a efectos del Impuesto sobre Sociedades, aquellos gastos contables que correspondan a operaciones reales, estén correlacionados con la obtención de ingresos, estén debidamente contabilizados, hayan sido imputados temporalmente con arreglo a devengo y estén debidamente justificados y siempre que no se trate de gastos no deducibles expresamente indicados en el **artículo 15 de la Ley 27/2014, de 27 de noviembre.**

No tendrán la consideración de gastos fiscalmente deducibles:

- **Las retribuciones de los fondos propios de la sociedad.** Concretamente, los dividendos y otras formas de retribución a los socios por su participación en el capital social. Así como los préstamos participativos otorgados por entidades que formen parte del mismo grupo de sociedades.
- **Los gastos derivados del Impuesto de Sociedades.**
- **Las multas y sanciones.**
- **Las pérdidas del juego.**
- **Los donativos y liberalidades** (aquellas en las que no se acredita la relación del gasto con la promoción de la actividad).

Sin embargo, sí que serán deducibles:

— Los gastos de relaciones públicas con clientes o proveedores, como las comidas. No obstante, solo podremos deducirnos estos gastos con el límite del 1% del importe neto de la cifra de negocios de la empresa.

— Los que, con arreglo a los usos y costumbres, se efectúen respecto al personal de la empresa. Por ejemplo, las cestas de Navidad.

— Gastos realizados para promocionar, directa o indirectamente, la venta de bienes y prestación de servicios.

— Aquellos que se hallen correlacionados con los ingresos.

- Los gastos de **actuaciones contrarias al ordenamiento jurídico**.

- Los **gastos por servicios prestados desde paraísos fiscales** o pagados a través de personas o entidades allí residentes, salvo que el contribuyente pruebe que el gasto devengado corresponde a una operación o transacción efectivamente realizada.

- Los **gastos financieros** devengados en el período impositivo derivados de deudas con **entidades del grupo** según los criterios establecidos en el artículo 42 del Código de Comercio.

- Los **gastos desproporcionados derivados de la extinción de la relación laboral**, común o especial, o de la relación mercantil, cuando excedan de ciertos límites.

- Los **gastos correspondientes a operaciones realizadas con personas o entidades vinculadas** que, como consecuencia de una calificación fiscal diferente en estas, no generen ingreso o generen un ingreso exento o sometido a un tipo de gravamen nominal inferior al 10%.

- Las **amortizaciones y provisiones que excedan de los límites** y supuestos señalados en la norma.

- No serán deducibles los gastos por **provisiones y fondos internos para la cobertura de contingencias** idénticas o análogas a las que son objeto del Texto Refundido de la *Ley de Regulación de los Planes y Fondos de Pensiones*. Estos gastos serán fiscalmente deducibles en el período impositivo en que se abonen las prestaciones.

Cálculo del Impuesto de Sociedades

El tipo de gravamen es el porcentaje que multiplicado por la Base Imponible permite obtener la cuota íntegra.

Los tipos de gravamen aplicables son los siguientes, para períodos impositivos iniciados a partir del 1 de enero de 2016:

- Tipo de gravamen general: 25%.

- Entidades de nueva creación (excepto las que deban tributar a un tipo inferior), que realicen actividades económicas, en el primer período impositivo en que la base imponible resulte positiva y en el siguiente: 15%.

Plazo de presentación del Impuesto de Sociedades

La declaración del I.S. deberá presentarse dentro de los **25 días naturales siguientes a los 6 meses posteriores a la conclusión del periodo impositivo.**

Así, en general, para sujetos pasivos cuyo ejercicio económico coincida con el año natural, el plazo es el de los **25 primeros días naturales del mes de julio.**

Los sujetos pasivos cuyo período impositivo coincida con el año natural y presenten por Internet la declaración del I.S., pueden domiciliar el pago (del 1 a 20 de julio).

Contratación de personal

Coste, pasos y opciones de contratación

Muchas pymes tienen que contratar personal para poder desarrollar su actividad y ofrecer sus productos o servicios de manera adecuada. Incluso, en muchos negocios, este gasto será el más importante en la cuenta de resultados, por ejemplo en las empresas de servicios.

Para contratar personal en nuestra Sociedad Limitada y conseguir que sea rentable, deberemos tener en cuenta, no solo el coste laboral directo, la nómina a pagar, también los costes indirectos que toda contratación supondrá.

Así pues, es recomendable realizar un trabajo previo de estudio del puesto de trabajo a cubrir, analizando las funciones y tareas del mismo, previendo los ingresos o la reducción de gastos que producirá el mismo y, por supuesto, analizando el coste total que tendrá la contratación.

Además, si queremos hacer un buen informe de rentabilidad para la contratación deberemos tener en cuenta la curva de aprendizaje, el tiempo que tardará el empleado en aprender todo lo necesario para llegar a su punto óptimo de eficiencia, pero también el tiempo que otros recursos deberán aportar para que esta formación se produzca.

Una simulación de nómina puede ayudarnos con los costes más sencillos, y una buena planificación del puesto de trabajo con los costes indirectos.

Costes salariales

Los costes a tener en cuenta a la hora de contratar un trabajador para nuestra empresa no se limitan a la cantidad pagada en la nómina, hay muchos más que debemos tener en cuenta.

Costes directos (la nómina)

- **El salario**: cantidad de dinero con que se retribuye a los trabajadores por cuenta ajena.

> ⚠️ **IMPORTANTE**
>
> Deberemos acudir al convenio colectivo del sector para obtener los salarios mínimos que este contemple para la categoría del trabajador.

- **Pagas extras**: dependiendo del convenio los trabajadores tendrán derecho a pagas extras; el mínimo son dos sin un máximo establecido, que también deberás tener en cuenta para tus costes. El convenio puede permitir o no el prorrateo de las mismas de manera mensual.

- **Seguridad Social**: es obligación del empresario liquidar las cuotas a la Seguridad Social que correspondan en función del salario del trabajador.

Hay una parte de Seguridad Social que paga el trabajador y que la empresa está obligada a retener, forma parte del salario bruto pero no del neto que percibe el trabajador.

- **Retenciones al trabajador**: aunque estas retenciones las paga el trabajador, es el empresario el obligado a ingresarlas en Hacienda. Forman parte del salario bruto, pero no de la cantidad neta que recibe cada mes el empleado.

Costes sociales (los derechos)

- **Vacaciones retribuidas**: también encontraremos en el convenio colectivo de nuestro sector las vacaciones retribuidas que deberemos asumir como un gasto más de la contratación.

- **Derechos sociales**: cada convenio marca una serie de derechos sociales que también tendrán efectos sobre la rentabilidad de la contratación y que pueden surgir en cualquier momento de la relación laboral, maternidad y paternidad, permisos por hospitalización de familiares, permiso por boda, permiso por mudanzas, renovación del DNI, participación en mesas electorales y un largo etc...

- **Indemnizaciones por despido o por fin de contrato**: desde que contratamos a un trabajador hasta que cesa la relación laboral se van acumulando una serie de derechos de indemnización que el empresario deberá tener en cuenta a la hora de contabilizar la inversión.

Costes obligaciones

- **Prevención de riesgos laborales**: al tener trabajadores y centros de trabajo debes cumplir con las obligaciones para la prevención de riesgos laborales.

- **Material, herramientas e instalaciones**: es obligación del empresario dotar al trabajador del material, las herramientas y las instalaciones necesarias para el desarrollo de su actividad.

Otros costes

- **Gastos trabajador**: debemos tener en cuenta, que por el tipo de puesto de trabajo, algunos trabajadores tendrán gastos que serán repercutidos a la empresa, gastos de transporte, de comida, de viaje.

- **Formación inicial**: toda contratación conlleva una formación inicial, bien técnica y profesional, bien procedimental o, como sucede en la mayoría de los casos, ambas.

- **Formación continua**: debemos contemplar desde el principio la formación continua de nuestros empleados.

Ingresos por trabajador

Para poder hacer un buen análisis de rentabilidad por puesto de trabajo debemos ser capaces de analizar los ingresos que podemos atribuir de manera directa al puesto de trabajo en cuestión, así como la proporción de ingresos atribuible de manera parcial por la contribución a ingresos conjuntos.

Debemos tener en cuenta que muchos puestos de trabajo no tienen una relación directa o cuantificable con los ingresos pero son imprescindibles para el desarrollo de nuestra actividad.

 **IMPORTANTE**

Debemos hacer un buen estudio de ingresos y gastos a la hora de contratar, teniendo en cuenta todos los gastos en los que incurriremos o podamos incurrir.

 ¡OJO!

Los convenios colectivos laborales fijan los salarios mínimos por categoría y los derechos sociales, parámetros imprescindibles para conocer los gastos posibles en una contratación.

Pasos para la contratación

Para poder contratar desde nuestra Sociedad Limitada debemos cumplir con dos requisitos previos:

- **Obtener el certificado digital**, imprescindible para la comunicación con la administración.
- **Obtener el CCC o Código de Cuenta de Cotización.**

El primer paso que debemos dar en la sociedad para poder contratar es dar de alta la empresa en la Tesorería de la Seguridad Social y obtener el CCC.

Esta inscripción se realiza mediante el modelo TA.6 en la Tesorería General de la Seguridad Social, que te asignará un número de identificación con el que tendrás control de tus obligaciones laborales.

La sociedad está obligada a obtener otros C.C.C. para los centros de trabajo en provincias diferentes o para colectivos de trabajadores con peculiaridades de cotización.

- **Afiliar al trabajador a la Seguridad Social si no lo está ya.**

Si el trabajador no está afiliado a la Seguridad Social, es obligación del empresario realizar este acto administrativo necesario, previo al alta, por el que la Tesorería General de la Seguridad Social incluye, en el Sistema de Seguridad Social, a la persona física y le asignan un número de Seguridad Social.

- **Solicitudes de altas, bajas y modificaciones de datos.**

  Alta de trabajador. Para solicitar el alta de un trabajador en la Seguridad Social deberemos aportar los siguientes datos:

  Empresa:

  — CIF.
  — CCC, Código de Cuenta de Cotización.
  — Régimen de Seguridad Social.

  Trabajador:

  — Apellidos y nombre del trabajador.
  — Fecha de nacimiento del trabajador.
  — Nacionalidad del trabajador.
  — Número de Seguridad Social del trabajador.
  — DNI.
  — Domicilio del trabajador.

  Contrato:

  — Fecha de inicio de la actividad.
  — Grupo de cotización.
  — Tipo de contrato y coeficiente de jornada en su caso.
  — Ocupación (en algunos supuestos).

Plazo y modelo: antes del inicio de la relación laboral (hasta 60 días antes).

Baja de trabajador. Para solicitar la baja de un trabajador en la Seguridad Social deberemos aportar los siguientes datos:

Empresa:

— CIF.
— CCC, Código de Cuenta de Cotización.
— Régimen de Seguridad Social.

Trabajador:

— Apellidos y nombre del trabajador.
— Número de Seguridad Social del trabajador.
— DNI.
— Domicilio del trabajador.

Contrato:

— Fecha de cese de la actividad.
— Causa de la baja.

Plazo y modelo: máximo tres días naturales después de la baja.

Variación de datos. Contendrá los datos objeto de modificación, debiendo ser comunicadas, fundamentalmente, aquellas variaciones que afecten a las condiciones laborales:

Empresa:

— Razón social.
— CCC, Código de Cuenta de Cotización.
— Régimen de Seguridad Social.

Trabajador:

— Apellidos y nombre del trabajador.

— Número de Seguridad Social del trabajador.

— DNI.

— Domicilio del trabajador.

Contrato:

— Tipo de contrato y coeficiente de jornada laboral.

— Epígrafe de AT y EP.

— Variación de grupo de cotización.

— Fecha de variación.

— Ocupación.

Plazo y modelo: máximo tres días naturales después de la baja.

Registro y comunicación del contrato laboral

Los contratos de trabajo deben ser remitidos al SEPE, Servicio de Empleo Público Estatal, en el plazo de 10 días naturales.

 ¡OJO!

Aunque el contrato no se haya realizado por escrito hay obligación de comunicarlo al SEPE.

Los seguros sociales

El empresario es el responsable de ingresar en la Seguridad Social las cotizaciones de sus trabajadores y las que correspondan a la empresa.

El ingreso se realizará en el mes siguiente a su devengo.

Documentos a aportar:

- Relación de liquidación de cotizaciones (RLC).
- Relación nominal de trabajadores (RNT).

Esta documentación se presenta telemáticamente por el sistema RED directa de la Seguridad Social por cada una de las cuentas de cotización.

Contratos de trabajo

Los **contratos de trabajo** son **acuerdos entre trabajadores y empresas** que regulan los derechos y obligaciones de ambas partes.

El contrato debe fijar la actividad y tareas, remuneración, horario, vacaciones, periodo de prueba, duración del contrato y muchos otros detalles de la relación laboral.

En la actualidad existen 42 tipos diferentes de contratos que podemos clasificar en cuatro tipos principales:

- **Contrato indefinidos**: contratos que se firman sin límites de tiempo en la prestación de los servicios, en cuanto a la duración del contrato.

 **IMPORTANTE**

Suelen existir diferentes bonificaciones para este tipo de contrato según las características del empleador, de la actividad y/o del trabajador.

 **¡OJO!**

Aunque su formalización puede ser verbal cualquiera de las partes podrá exigir que el contrato se haga por escrito.

- **Contrato temporal**: contratos que se firman con una duración limitada, adecuados para incorporar a un trabajador por un tiempo determinado o para una actividad específica y acotada.

  — **Contrato de trabajo por obra o servicio**: para la realización de una obra o servicio determinado con autonomía y sustantividad propia. La duración será el tiempo que dure la obra o servicio determinado.

  — **Contrato eventual por circunstancias de la producción**: para atender circunstancias de la producción, acumulación de tareas, excesos de pedidos y situaciones similares. La duración será de un máximo de 6 meses dentro de un periodo de 12, salvo que el convenio diga otra cosa.

  — **Contrato de interinidad**: para sustituir a trabajadores con reserva de su puesto de trabajo, suspensión de contrato para cubrir temporalmente un puesto durante el proceso de selección o sustitución en periodos de vacaciones (sustitución por maternidad, riesgo durante el embarazo, adopción o acogimiento, etc...) La duración coincidirá con el tiempo que dure la causa que lo fundamenta.

— **Otros**: existen otros contratos temporales menos comunes para trabajadores en situación de exclusión social, para prejubilaciones parciales, para discapacitados, etc...

- **Contrato formación y aprendizaje**: contratos para fomentar la inserción laboral y la formación de jóvenes. Duración mínima de 1 año y máxima de 3 años.

 **IMPORTANTE**

Contrato solo para jóvenes menores de 25 sin cualificación o experiencia en el puesto o categoría a desempeñar.

 ¡OJO!

Esta contratación requiere dedicar a formación el 25% de la jornada el primer año y el 15% el segundo.

- **Contrato en prácticas**: contratos para facilitar la práctica profesional de los trabajadores propia de su nivel de estudios. La duración es de 6 meses y hasta 2 años como máximo.

 **IMPORTANTE**

Los trabajadores deberán contar con una licenciatura, diplomatura, ser técnico o técnico superior de formación profesional o títulos equivalentes y haber finalizado los estudios hace menos de 5 años.

La contratación también se puede realizar a tiempo parcial con algunas restricciones:

- En el contrato deberán figurar el número de horas ordinarias de trabajo y la distribución de las mismas.
- No se pueden realizar horas extraordinarias salvo catástrofe o calamidad.
- Se podrá ampliar la jornada con las horas complementarias, pactadas o voluntarias.

Contabilidad de una S.L.

Contabilidad, informes, indicadores

Las Sociedades Limitadas tienen obligaciones contables que deben cumplir, pero la contabilidad ofrece a la pyme una serie de informes e indicadores que son fundamentales a la hora de tomar decisiones de negocio.

Una de las obligaciones contables es realizar la contabilidad según el Plan General Contable, el pymes para pequeñas y medianas empresas y el PGC para el resto.

Para acogerse a los planes especiales pymes y micropymes se deben cumplir los siguientes criterios durante dos años consecutivos:

Pymes (al menos dos de los criterios):

- Total del activo que no supere los 4 millones de euros.
- Cifra de negocios, importe neto, que sea inferior a 8 millones de euros.
- Número de empleados que no supere los 50 en el ejercicio.

Micropymes:

- Total del activo que no supere el millón de euros.
- Cifra de negocios, importe neto, que sea inferior a 2 millones euros.
- Número de empleados que no supere los 10 en el ejercicio.

Pymes excluidas del Plan General Contable pymes y micropymes:

- Pymes con valores admitidos a negociación en países de la Unión Europea (UE).
- Empresas que trabajen con moneda diferente al euro.
- Si pertenecen a un grupo de sociedades cuya contabilidad se realiza con cuentas anuales consolidadas.
- Las empresas financieras con criterios específicos de contabilidad.

Para el propósito de esta guía nos centraremos en el plan general contable pymes que es el que rige para la mayoría de las Sociedades Limitadas, o al menos en sus inicios.

 **IMPORTANTE**

El plan general contable pymes es un modelo abreviado del plan general contable que simplifica los criterios de registro, de valoración y de información que se incluirán en la memoria.

Plan general contabilidad de pymes

Al igual que el plan general contable se divide en cinco apartados fundamentales.

Marco conceptual de la contabilidad

Recoge conceptos básicos de la contabilidad como, la imagen fiel, los criterios de valoración, etc..

También recoge los principios fundamentales que una empresa debe seguir para elaborar sus estados financieros.

Normas de registro y valoración

Recoge las normas que explican el procedimiento de registro y valoración.

Diferencias con el PGC: no se detallan los siguientes apartados:

- Fondo de comercio.
- Instrumentos financieros compuestos.
- Derivados que tengan como subyacente inversiones en instrumentos de patrimonio no cotizados cuyo valor razonable no pueda ser determinado con fiabilidad.
- Contratos de garantía financiera.
- Fianzas entregadas y recibidas.
- Coberturas contables.
- Pasivos por retribuciones a largo plazo al personal.
- Transacciones con pagos basados en instrumentos de patrimonio.
- Combinaciones de negocio.
- Operaciones de fusión, escisión y aportaciones no dinerarias de un negocio entre empresas del grupo.

Normas de elaboración cuentas anuales

Se recoge el conjunto de documentos e informes que constituyen las cuentas anuales: el balance de situación, la cuenta de pérdidas y ganancias y la memoria, conforme a lo dispuesto en:

- Código de Comercio.
- Ley de Sociedades de Responsabilidad Limitada.

- Texto Refundido de la Ley de Sociedades Anónimas.
- Plan General de Contabilidad de Pequeñas y Medianas Empresas.

Diferencias con el PGC: no hay obligación de presentar el Estado de Flujos de Efectivo ni el Estado de cambios de Patrimonio neto.

Define el procedimiento para formular las cuentas, fechas, formatos, soportes formalidades reglamentarias., así como las opciones de presentación.

Cuadro de cuentas

El cuadro de cuentas es el listado de todas las cuentas existentes.

Aunque no hay una obligación de numeración y denominación de cuentas, estas deben seguir para las cuentas anuales una serie de criterios, como por ejemplo la división en grupos, subgrupos y cuentas indispensables.

Grupos PGC pymes:

- Grupo 1. Financiación Básica.
- Grupo 2. Inmovilizado.
- Grupo 3. Existencias.
- Grupo 4. Acreedores y Deudores por operaciones de tráfico.
- Grupo 5. Cuentas Financieras.
- Grupo 6. Compras y Gastos.
- Grupo 7. Ventas e Ingresos.

Diferencias con el PGC: suprime los grupos 8 y 9 (cuentas pertenecientes al patrimonio).

Definiciones y relaciones contables

Se definen las cuentas, subcuentas y cuentas específicas así como la relación entre ellas y la forma de utilizarlas.

Este apartado es el encargado de normalizar todo el plan contable y de detallar las relaciones entre cuentas, en función de su carácter deudor o acreedor.

Cuentas anuales

Las cuentas anuales como definen el PCG, estarán formuladas mediante el balance de situación, la cuenta de pérdidas y ganancias, estado de cambios en el patrimonio neto, estado de flujos de efectivo y la memoria.

La memoria

Documentos de obligada presentación cuya formulación debe realizarse en un plazo de tres meses desde el cierre.

Debe recoger la información necesaria para complementar el balance de situación y cuenta de pérdidas y ganancias.

Cuenta de pérdidas y ganancias

Grupos 6 y 7 del cuadro de cuentas.

Documento que recoge los ingresos y gastos del ejercicio contable, arrojando el resultado contable, diferencia entre gastos e ingresos. Se conoce también como la cuenta de explotación o cuentas de resultados.

Balance de situación

Grupos del 1 al 5 del cuadro de cuentas.

Documento que determina la situación de la empresa en un momento determinado y que consta de información pormenorizada de los activos, pasivos y el patrimonio neto.

Estado de cambios en el patrimonio neto

Documento que refleja la variación que se ha producido en el patrimonio neto en el ejercicio contable.

¡OJO!

No es obligatorio para plan contable pymes ni el abreviado.

Estado de flujos de efectivo

Documento que informa sobre el origen y la utilización de los activos monetarios importantes de efectivo y otros activos líquidos, organizando los movimientos por actividades e indicando la variación neta en el ejercicio contable.

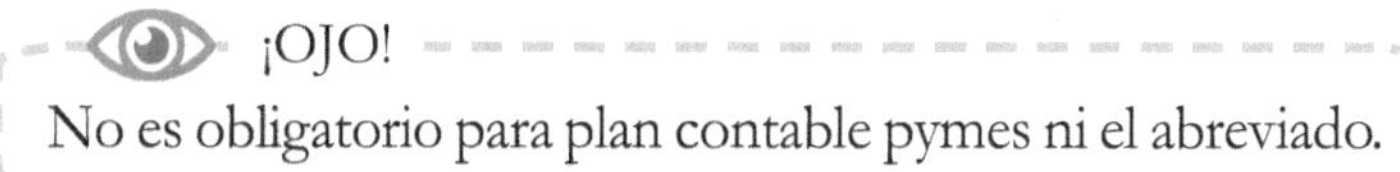

No es obligatorio para plan contable pymes ni el abreviado.

Las cuentas anuales deben elaborarse en un plazo de tres meses desde el cierre del ejercicio contable. Después se presentaran a la junta general para su aprobación en un plazo máximo de seis meses desde que terminó el año contable y deben presentarse al registro treinta días después de esta aprobación por parte de la junta general.

Importante: la presentación debe realizarse en el **Registro Mercantil correspondiente al domicilio social de la empresa**, tendrá que efectuarse como máximo en un mes desde su aprobación.

Cierre de una sociedad

Disolución, liquidación y extinción

Para cerrar nuestra Sociedad Limitada deberemos recorrer las siguientes etapas: la disolución, la liquidación y la extinción.

Al igual que en el momento de la constitución, en el momento de cerrar nuestra sociedad debemos contemplar una serie de pasos y costes que vendrán asociados a este acto.

Disolución de una Sociedad Limitada

Hablamos de la desaparición jurídica de la sociedad. Importante: esto no implica el fin de la actividad, si no la transformación a la actividad de liquidación, y así deberá reflejarse en la denominación social, Sociedad Limitada en liquidación.

Causas de liquidación

⚖ **Ley** de Sociedades de Capital Real decreto Legislativo 1/2010 del 2 de julio.

Causas legales de disolución:

- Por el cese en el ejercicio de la actividad o actividades que constituyan el objeto social. En particular, se entenderá que se ha producido el cese tras un período de inactividad superior a un año.

- Por la conclusión de la empresa que constituya su objeto.
- Por la imposibilidad manifiesta de conseguir el fin social.
- Por la paralización de los órganos sociales de modo que resulte imposible su funcionamiento.
- Por pérdidas que dejen reducido el patrimonio neto a una cantidad inferior a la mitad del capital social, a no ser que este se aumente o se reduzca en la medida suficiente, y siempre que no sea procedente solicitar la declaración de concurso.
- Por reducción del capital social por debajo del mínimo legal, que no sea consecuencia del cumplimiento de una ley.
- Porque el valor nominal de las participaciones sociales sin voto o de las acciones sin voto, excediera de la mitad del capital social desembolsado y no se restableciera la proporción en el plazo de dos años.
- Por cualquier otra causa establecida en los estatutos.

La disolución de la sociedad exige acuerdo de la junta general adoptado por mayoría de los votos válidamente emitidos y siempre que representen al menos un tercio de los votos totales del capital social.

Causas pleno derecho:

- Finalización de la duración fijada en los estatutos, sin inscripción de prórroga en el Registro Mercantil.
- La fase de liquidación en el concurso de acreedores producirá la disolución de pleno derecho de la sociedad.

Se produce la disolución automática de la sociedad, no necesita aprobación de la junta.

Causas voluntarias:

- Adoptadas voluntariamente por los socios.

La sociedad podrá disolverse por acuerdo de la junta general y requerirá el voto favorable de más de la mitad de los votos que representen el total del capital social.

La disolución se la sociedad mercantil se deberá inscribir en el Registro Mercantil.

Transferencia, liquidación o concurso

Con la sociedad disuelta podemos avanzar de tres maneras posibles:

- **Transferencia de la propiedad**, podemos proceder con la venta de la sociedad.
- **Liquidación**, se cesa la actividad de la sociedad y se liquidan las deudas con acreedores y socios, cerrando definitivamente la sociedad.

  Durante el proceso de liquidación la sociedad deberá añadir a su denominación social "en liquidación" manteniendo aún su personalidad jurídica.

  Los administradores son cesados dando paso a la figura de los liquidadores.

  Los liquidadores deberán:

  — En tres meses desde la disolución de la sociedad formular un inventario y balance de la misma.
  — Concluir las operaciones pendientes y realizar las nuevas que sean necesarias para la liquidación de la sociedad.

— Llevar la contabilidad de la sociedad y custodiar los libros y correspondencia de la sociedad. Presentar cuentas y libros en el registro mercantil.

— Enajenar los bienes sociales.

— Percibir los créditos y los dividendos pasivos acordados al tiempo de iniciarse la liquidación.

— Concertar transacciones y arbitrajes si fuese necesario.

— Pagar a los acreedores y a los socios.

— Ostentar la representación de la sociedad.

Una vez terminado el trabajo, los liquidadores presentarán un informe de liquidación, un balance final y una propuesta de reparto del activo resultante entra los socios, que deberán ser aprobados en junta general.

 **IMPORTANTE**

Los liquidadores no podrán repartir el activo de la sociedad sin antes liquidar las deudas con los proveedores.

 ¡OJO!

Los socios deberán liquidar un 1% de la cuota percibida en concepto de Impuesto de Transmisiones Patrimoniales y Actos Jurídicos Documentados.

- **Concurso de acreedores**, al no poder hacer frente a los créditos con acreedores se insta el concurso de acreedores, bien por parte de la sociedad, concurso voluntario, bien por parte de los acreedores, concurso forzoso.

En el concurso de acreedores deberemos recorrer las cuatro fases previstas en la legislación:

1. Fase común, que también se divide en cuatro subfases:

— **Solicitud del concurso**. La solicitud es estudiada por el juez.
— **Resolución judicial**, bien declarando el concurso de acreedores, o bien desestimando la solicitud.
— **Masa activa**, se cuantifica la masa activa que hay en la empresa.
— **Masa pasiva**, se determina y se clasifican los créditos (deudas) que tiene la misma. Entre especiales, generales, ordinarios y subordinados.

2. Fase de convenio, se recibirán las propuestas de convenio que el deudor y cualquier acreedor presente.

Estas propuestas deben contener quita o espero, pudiendo incluir ambas y debiendo especificar un plan de pagos.

⚠ **IMPORTANTE**

Las proposiciones de convenio deben suponer la continuidad de la actividad empresarial o profesional del concursado.

Se constituye la junta de acreedores donde se procederá a votar las diferentes propuestas. Si alguna propuesta es aprobada por mayoría suficiente el juez dará por aprobado el convenio.

3. Fase de liquidación, si no se presentan propuestas de convenio, o ninguna propuesta es aprobada, o si directamente la sociedad en concurso lo solicita, se abriría la fase de liquidación.

En este punto el administrador concursal adquiere las facultades de administración y gestión de la sociedad para vender todos los bienes de la sociedad con el objetivo de pagar la máxima deuda posible, siguiendo el orden de prioridad marcado por la ley.

4. Fase de calificación, en esta fase se cataloga el concurso como fortuito o como culpable.

El concurso se considera culpable cuando en la generación de insolvencia se aprecie dolo o culpa grave del deudor.

 **IMPORTANTE**

Si el concurso es declarado como culpable, los afectados podrán ser inhabilitados para administrar bienes ajenos, condenados a devolver los bienes o derechos que hubieran obtenido indebidamente del patrimonio del deudor y deberán indemnizar por los daños causados.

Extinción de la sociedad

Una vez realizada la disolución y la liquidación de la sociedad deberemos extinguir la misma mediante la cancelación de los asientos en el Registro Mercantil.

Para ello, se presentará en el Registro Mercantil una escritura pública de extinción que contendrá el balance final de liquidación, la identidad de los socios y el valor de la cuota liquidada y la cancelación de los asientos de la sociedad.

Nuestras colecciones

Guías para todos aquellos que deseen ampliar sus conocimientos sobre asuntos específicos, grandes personajes, épocas, culturas, religiones, etc., ofreciendo al lector una amplia y rica visión de cada una de las temáticas, accesibles a todos los lectores.

Guías para gestionar con éxito un negocio, vender un producto, servicio o causa o emprender. Pautas para dirigir un equipo de trabajo, crear una campaña de marketing o ejercer un estilo adecuado de liderazgo, etc.

Guías para optimizar la tecnología, aprender a escribir un blog de calidad, sacarle el máximo partido a tu móvil. Orientaciones para un buen posicionamiento SEO, para cautivar desde Facebook, Twitter, Instagram, etc.

Guías para crecer. Cómo crear un blog de calidad, conseguir un ascenso o desarrollar tus habilidades de comunicación. Herramientas para mantenerte motivado, enseñarte a decir NO o descubrirte las claves del éxito, etc.

Guías prácticas dirigidas a la salud y el bienestar. Cómo gestionar mejor tu tiempo, aprenderás a desconectar o adelgazar comiendo en la oficina. Estrategias para mantenerte joven, ofrecer tu mejor imagen y preservar tu salud física y mental, etc.

Guías prácticas para la vida doméstica. Consejos para evitar el cyberbulling, crear un huerto urbano o gestionar tus emociones. Orientaciones para decorar reciclando, cocinar para eventos o mantener entretenido a tu hijo, etc.

Guías prácticas dirigidas a todas aquellas actividades que no son trabajo ni tareas domésticas esenciales. Juegos, viajes, en definitiva, hobbies que nos hacen disfrutar de nuestro tiempo libre.

Guías para aprender o perfeccionar nuestra técnica en deportes o actividades físicas escritas por los mejores profesionales de la forma más instructiva y sencilla posible,

Autores para la formación

Editatum y GuíaBurros te acercan a tus autores favoritos para ofrecerte el servicio de formación GuíaBurros.

Charlas, conferencias y cursos muy prácticos para eventos y formaciones de tu organización.

Autores de referencia, con buena capacidad de comunicación, sentido del humor y destreza para sorprender al auditorio con prácticos análisis, consejos y enfoques que saben imprimir en cada una de sus ponencias.

Conferencias, charlas y cursos que representan un entretenido proceso de aprendizaje vinculado a las más variadas temáticas y disciplinas, destinadas a satisfacer cualquier inquietud por aprender.

Consulta nuestra amplia propuesta en www.editatumconferencias.com y organiza eventos de interés para tus asistentes con los mejores profesionales de cada materia.

EDITATUM

Libros para crecer

www.editatum.com

www.ingramcontent.com/pod-product-compliance
Lightning Source LLC
LaVergne TN
LVHW091508170726
843492LV00001B/388